Reader Takes All.

我窩故我在
My Place

15
Net and Books

閱讀與四種飲食

閱讀可以看作是一種飲食，給大腦的飲食。
談到飲食，我們不能不重視吃的營養是否均衡，
不能不嚮往是否可以培養出美食家的品味。閱讀，也是同理。

第一種閱讀，是爲了知識的需求，
很像飲食裡可以吃飽的主食，如白飯、炒飯、炒麵、水餃、
饅頭等等。

爲了使人生過得更美好，在學業上、工作上、生活上，在生理上、心理
上，我們有各種知識的需求。知識需求的閱讀，讀教科書、企管書、心理
書、學習電腦書、學習語言書、勵志書等等，都屬於知識類需求。

第二種閱讀，是爲了思想的需求，
很像飲食裡高蛋白質的美食，如魚蝦、牛排、大閘蟹等等。

這種閱讀，是爲了體會人類生命深處的共鳴，思想深處的結晶。讀文學、
哲學、藝術、科學等等，都屬於思想類需求。

第三種閱讀，是爲了輔助閱讀的工具需求，
很像飲食裡幫助消化的蔬菜水果。

這種閱讀，是爲了幫助查證、參考其他書籍。也就是對於字典、百科全
書、地圖、年譜等的需求。

第四種閱讀，是爲了娛樂及消遣需求，
很像飲食裡講究口感的甜點零食，如飯後的點心，或日常的
零食，蛋糕、冰淇淋、炸薯條等等。

這種閱讀，主要是爲了娛樂、消遣，是一種休閒活動。羅曼史小說、許多
漫畫、寫眞集等等，都屬於休閒類需求。

因此，我們每一本書裡，都會有以下的重要內容成分：

1. 有關這個主題的歷史，以及中外大事Map（像是美食）

2. 有關這個主題應該掌握的知識（像是主食）

3. 有關這個主題應該閱讀的50本書（像是蔬果）

4. 有關這個主題好玩的人物，或地點，或掌故（像是甜食）

我們希望在每一本書裡，讀者都能享受到四種閱讀飲食的美味。

Net and Books

網 路 與 書

閱讀與生活　品味與主張

我窩故我在

文—郝明義

0.

太初，人有的，只是一個窩——山洞裡的窩。

這個窩，是他的棲息之地，但是在惡劣的環境下，可能提供不了多少庇護的作用：

黑暗中，他在充滿惡臭的山洞裡坐起，傾聽暗夜裡的動靜。恐懼，慢慢潛入了他的心中。他活了這麼久……卻從沒有聽過這樣的聲音。老虎來得都是悄無聲息，只有哪片泥土滑落，或是不經意踩斷的樹枝才會洩漏牠的蹤跡。然而這嘎札嘎札的聲音卻持續不斷，越來越大。聽來像是一個前進在夜色中的龐然巨獸，沒打算隱蔽身形，也不在乎任何阻礙。

（摘自《2001:太空漫遊》‧臺灣商務）

1.

後來，有了「家」的出現。

「家」是一個字，但是卻有多重作用與意義。

它代表「房屋」——一個更能遮蔽的居所，更能保護自己的居所。

它代表「窩」——一種吸引自己回到那個居所的感覺。

它代表「家庭」——一些在這個窩裡逐漸多起來共同生活的人。

它代表「家鄉」——一些環繞著這個家庭在時間與空間上擴散開來的氛圍。

屋是一種遮蔽

2.

以前，家的這些意義不需要如此仔細分解。

因為作用與意義雖然分了四種，但基本上都是融合的，起碼也是大幅重疊的。

因此你在某個田埂邊上，或某個山腳下的那棟房子，是幫你遮蔽風雨的居所；是讓你日出而作日入而息的窩；

是你一家人共同歸屬之地；也是你一生絕大部分時間駐留的家鄉，你生命中或記憶中最深刻的眷戀之地。

一個「家」字，可以包含一切。至少許多。

3.

但是今天，家的四種作用與意義，卻分而化之。

你可能在上海有一棟很豪華的房子。你的一家大小住在洛杉磯。你難忘的家鄉在苗栗。

但你自己感到最自在的窩卻在台北。

光一個「家」字，難以說明你要說的到底是什麼。

「房屋」(house)、「窩」(home)、「家庭」(family)、「家鄉」(homeland)必須細部思考。

窩　是一種自在

崔永嬿　繪圖

4.
於是你發現「家」的這些作用與意義，
有多麼變動不居。
房屋的形式與機能，在不斷地改變。
隨著工作與家居生活型態，
呼應科技的發展變化出不同的需求，
房屋的材質、尺寸與作用，也在變化。
等房屋建造的地點要進入太空的時候，
你可以預期地球上的房屋面貌也會劇變。
家庭的本質與定義，在不斷地改變。
過去一定要一個男性父親與女性母親透過
婚姻形式組成的家庭，不斷變化。
等再添加進複製人的因素後，變化肯定會更大。
在一個城鄉的形貌不斷改變，
全球化移動如此方便的時代，
家鄉的存在與意義，也在不斷地改變。
Hometown的真實，可能遠不如Home ground。
家的四種作用與意義，有三種在變動無常。
剩下唯一可以掌握的，
反而可能是原來最難定義與掌握的──窩。

家 是 一 種 歸 屬

Corbis

5.
是啊，為什麼是那棟房子而不是這棟房子在吸引你回去？
為什麼是那個冷清無人的一個房間，
而不是這個溫暖又全家團聚的地方在吸引你回去？
為什麼會有那麼多人相信金窩銀窩不如自己的狗窩？
窩之為窩，有一種化學作用。
硬要用文字來解釋這種化學作用，我只會說是「自在」。
是「自在」的感覺，讓窩之為窩。

6.
「自在」。
是只有自己心底才清楚的一回事。
沒有任何人能為你定義、設計、掌握。
所以，在一個「家」的作用與意義不斷變動的時代裡，
我們唯一能掌握的，反而是「窩」的感覺。

我窩故我在。

鄉　是一種記憶

CONTENTS
目錄

6 From Rex 我窩故我在 郝明義

16 Maps 編輯部

Part 1 屋

24 住宅的演變 徐明松

32 女人與廚房的故事 陳艾

38 挑戰極限的房子 傅凌
16坪變成無限大

41 Interview 林志明 蔡佳珊、冼懿穎

42 居住是基本人權 吳欣隆

Part 2 窩

44 窩的聯想 傅凌
人之所以有窩

51 依附關係 吳佳璇

52 家的連結 編輯部
遊子不可缺的隨身物

56 12張椅子 Davis

58 文學裡的窩 莊琬華

62 非關空調 歐陽應霽
讓家更溫暖,或者更涼快

68 窩的移動 柯裕棻
關於棄絕也關於拾獲

72 旅館:非家之家 康旻杰

78 你是哪種「拜家人」? 莊琬華

82 幸福家庭破壞王 BO2

Part 3 家

88 家人 藍嘉俊、蔡志揚

98 灶神在家的滋味 韓良露

102 為什麼要逃家? 莊慧秋

106 溫州街68巷10號 陳文玲

110 葉神父夢想的家 冼懿穎

114 帶狀家庭 張惠菁

118 「家」的學問 墨壘

Net
and
Books

Net and Books 網路與書 15
我窩故我在

經營顧問：Peter Weidhaas　陳原　沈昌文
　　　　　陳萬雄　朱邦復　高信疆
發行人：郝明義
策劃指導：楊渡・蘇拾平
主編：黃秀如
本輯責任編輯：藍嘉俊
編輯：洗懿穎・葉原宏・蔡佳珊・傅凌
網站編輯：莊琬華
北京地區策畫：于奇・徐淑卿
美術指導：張士勇
美術編輯：倪孟慧・張碧倫
攝影指導：何經泰
企畫副理：鍾亨利
行政兼讀者服務：塗思真
法律顧問：全理法律事務所董安丹律師

出版者：英屬蓋曼群島商網路與書股份有限公司台灣分公司
台北市南京東路四段25號10樓之1
TEL：(02)2546-7799
FAX：(02)2545-2951
Email：help@netandbooks.com
網址：http://www.netandbooks.com
郵撥帳號：19542850
戶名：英屬蓋曼群島商網路與書股份有限公司台灣分公司

總經銷：大和書報圖書股份有限公司
地址：台北縣新莊市五工五路2號
TEL：886-2-8990-2588
FAX：886-2-2290-1658
製版：瑞豐實業股份有限公司
印刷：詠豐印刷股份有限公司
初版一刷：2005年2月
定價：台灣地區280元

Net and Books No.15
my place
Copyright © 2005 by Net and Books
Advisors: Peter Weidhass　Chen Yuan
　　　　　Shen Chang Wen　Chan Man Hung
　　　　　Chu Bang Fu　Gao Xin Jiang
Publisher: Rex How
Editorial Director: Yang Tu・S. P. Su
Chief Editor: Huang Shiou-ru
Executive Editor: Chia-Chun Lan
Editors: Winifred Sin・Yeh Yuan-Hung・Julia Tsai・Fu Ling
Website Editor: Lucienna Chuang
Managing Editor in Beijing: Yu Qi・Hsu Shu-Ching
Art Director: Zhang Shi Yung
Photography Director: He Jing Tai
Marketing Assistant Manager: Henry Chung
Administration: Jane Tu
Net and Books Co. Ltd. Taiwan Branch（Cayman Islands）
10F-1, 25, Section 4, Nanking East Road, Taipei, Taiwan
TEL: +886-2-2546-7799
FAX: +886-2-2545-2951
Email: help@netandbooks.com
http://www.netandbooks.com

本書之出版，感謝永豐餘參與贊助。

Part 4 鄉

120　鄉關何處　徐淑卿

128　永恆的家園　韓良露
　　　也關於失樂園及天堂

136　桐花源記　蔡佳珊
　　　一群境內移民打造新故鄉的故事

142　落地生根 vs. 落葉歸根　編輯部
　　　四個離鄉者的專訪

148　他鄉如何作家園？　劉可強、張聖琳
　　　近代旅美華人之中國城變遷

154　漂泊中的永恆　洗懿穎

156　關於「家」的50本書　編輯部

Maps 一個有待補充的筆記

編輯部

甲骨文中,「家」以一個房子關著一隻豬為象徵,換句話說,「家」是一個養豬的地方。豬的生性不適合游牧,中國人開始養豬之後,生活型態就進入農耕階段,也開始有了固定於一塊土地上的家園概念。中國有七千九百多年前的豬骨骼的出土。《說文解字》:「家,居也。」是後來引伸的解釋。

中國與家相關大事紀

上古,有巢氏為了解決野獸侵襲人類的問題,開始在樹上築巢。

人類社會,最早是群婚、亂婚,也就是多夫多妻,或雜交。後來再出現母系社會的一妻多夫。中國到商朝還有群婚或是一妻多夫的情況,所謂「貞帝多父」,「古之時未有三綱六紀,民但知其母,不知其父」。所以商代父子之關係不明,而兄弟之輩行可數。

夏	商	西周
4000BC. 3000BC. 2000BC.	1200BC.	1000BC. 800BC.

以歐美為主的其他地區與家相關大事紀

前2600年,埃及人開始使用椅子。

巴比倫人首先發明日晷以測量一日之長短。

前十五世紀,摩西帶以色列人出埃及,是一次壯觀的重返家園旅程。

前八世紀,荷馬完成《奧德賽》與《伊里亞德》兩大史詩,其中《奧德賽》固然是一部流浪之歌,但也是一部家之謳歌。或者,也可以說,《奧德賽》是一部家之謳歌,但也是一部流浪之歌。

《聖經》認為:「房屋錢財,是祖宗所遺留的。」而賢慧的妻子,則是神所賜予的。書中並主張:「你們和不信的原不相配,不要同負一軛。」是對婚配的對象做限制,此外,聽從父母、在家庭中維護信仰等也都是基督教對家庭的基本規範。

商朝時，社會地位主要以宗法血緣關係為區別，而區分出「宗氏」及「分族」兩種層次，而社會秩序也主要是藉由各宗族長以進行統治管理。單個小家庭依附於宗族而存在，受宗族長支配、統治。

西周時，四合院的建築形式已不罕見，宗族聚居則是當時的家庭生活方式，經濟上則採取共產的方式，資源統一由宗族長進行分配。據《禮記》記載：「天無二日，土無二王，家無二主。」是古代家庭制度中，家長由來的依據。

古代沒有高的椅子，坐時主要有「蹲踞、箕踞、跪坐」三種方式，其中只有源自貴族的「跪坐」才是符合禮儀的坐法。古人跪坐時於地上放置坐席，以至於衍生出孔子「席不正，不坐」的禮儀觀念，而此時的食具也與人跪坐後的高度相當，以方便進食，並有几作為放置物品的平台。

睡覺時，則有床、臥席及枕頭。床的使用由來已早，《詩經》中屢有床的記載，且出土戰國文字及《說文解字》中，如「寐、寤」等字都像一個人躺在有支腳的板子上，而「病、疴、疽」等表示疾病的字也像一個人躺在四支腳的床上，象徵該人生病而無法跪、坐、起。而據《說文解字》，床也提供人們坐的功用，是胡床傳入之前，兼具坐及睡覺的重要家具。

老子將人民安居樂業及「小國寡民……使民重死而不遠徙……鄰國相望，雞犬之聲相聞，民至老死，不相往來。」視為一種理想的生活環境狀態。

《禮記》：「所謂治國必先齊其家者，其家不可教而能教人者，無之。」因而將修身、齊家、治國、平天下視為一個人由內到外的磨練。

● 前361年，商鞅變法。其中規定「民有二男以上」必須分居、另立戶籍，從而使個體小家庭制度化。秦國也因此走上富強之路。

漢朝時，蕭何制定律法，宗法變為戶法，戶長開始成為一家之主。此後，漢武帝採董仲舒上疏，罷黜百家、獨尊儒術。從此儒家倫理思想開始深植人心。

漢朝時，由於門第觀念的逐漸盛行，為使女兒出嫁後能過好日子，嫁女的陪嫁也逐漸增加，因此嫁女兒對於一般家庭的負擔極重。

公元前一世紀時，佛教從今天新疆傳入中國。隨著佛教的傳入，僧人慣用的坐法也逐漸盛行。僧人一般坐於繩床之上採用跏趺的坐法，繩床是比胡床大而穩的坐具，跏趺則是雙膝盤腿而坐不靠背的坐法，是傳統的「跪坐」之外的另一種形式。

● 前七世紀的詩人赫西俄德（Hesiod）在詩中說：「你們首先要有房子、妻子和耕牛。」認為這是組成家庭的基本要素，「家」在希臘文中原指「經濟單位」。希臘人的家主要由夫妻子女及奴隸所構成，詩中則以耕牛取代奴隸。而奴隸是不具有人權的。

在希臘人的家庭中，妻子並不被當成一個人，而是被當成一件遺產。當其丈夫死後，妻子將被當成「與遺產一起繼承的女子」隨同其他遺產一起被兒子或丈夫血緣系統的親屬接收，丈夫死前甚至有權將妻子許配給自己的姪子，以使自己的家族能接收自己的遺產。

前五世紀，斯巴達全民皆兵，規定年滿20歲入軍籍，可娶妻但禁止家庭生活而住在軍營，滿30歲才得與妻子同住，此時始具有投票權，才算成年。

● 柏拉圖（Plato，前427-前347）在《理想國》中極力讚揚斯巴達禁止私人開伙的制度以及奴役奴隸的正確性，並主張統治者與戰士是不准擁有私人財產及享受家庭生活的。人們的婚姻也必須由政府統一挑選分配以及淘汰，養育兒童的重責大任也應交給政府處理，個人不得參與。

羅馬不斷地擴展版圖，每征服一個地方，就徵收那個地方的財富，俘虜則成了奴隸。全國有三分之一是奴隸，有錢人家固然有上千個奴隸，一般人家也有一兩個奴隸。

羅馬人的家庭，由於權力與祖傳遺產的爭奪，致使父子之間必須互相提防自己被對方害，後母更有時誣陷兒子亂倫，而父子之間也往往因為一時的誤會而先下手為強，共同居住使父子生活於陰霾與猜忌之中。因此，兒子在長大後大部分需搬出獨立，但岳父與女婿因無財產問題而往往有生活在一起者，窮人們則有數對夫妻共同生活在同一屋簷下的情況發生。

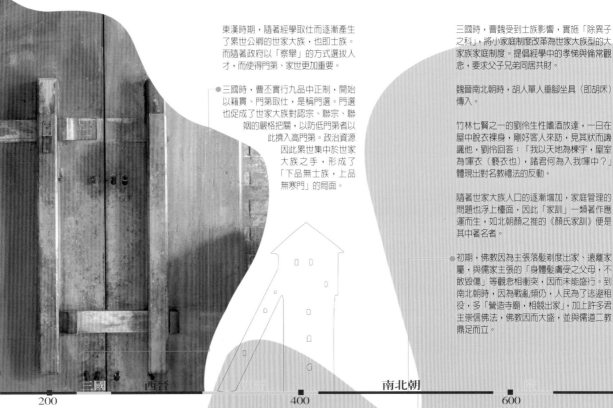

東漢時期，隨著經學取仕而逐漸產生了累世公卿的世家大族，也即士族。而隨著政府以「察舉」的方式選拔人才，而使得門第、家世更加重要。

三國時，曹丕實行九品中正制，開始以籍貫、門第取仕，是稱門選。門選也促成了世家大族對認宗、聯宗、聯姻的嚴格把關，以防低門第者以此擠入高門第。政治資源因此累世集中於世家大族之手，形成了「下品無士族，上品無寒門」的局面。

三國時，曹魏受到士族影響，實施「除異子之科」，將小家庭制度改革為世家大族型的大家族家庭制度。提倡經學中的孝悌與倫常觀念，要求父子兄弟同居共財。

魏晉南北朝時，胡人單人垂腳坐具（即胡床）傳入。

竹林七賢之一的劉伶生性嗜酒放達，一日在屋中脫衣裸身，剛好客人來訪，見其狀而譏諷他，劉伶回答：「我以天地為棟宇，屋室為褌衣（褻衣也），諸君何為入我褌中？」體現出對名教禮法的反動。

隨著世家大族人口的逐漸增加，家庭管理的問題也浮上檯面，因此「家訓」一類著作應運而生，如北朝顏之推的《顏氏家訓》便是其中著名者。

初期，佛教因為主張落髮剃度出家、遠離家屬，與儒家主張的「身體髮膚受之父母，不敢毀傷」等觀念相衝突，因而未能盛行。到南北朝時，因為戰亂頻仍，人民為了逃避租役，多「營造寺廟，相競出家」，加上許多君主崇信佛法，佛教因而大盛，並與儒道二教鼎足而立。

三國　西晉　　　東晉　　　　　南北朝　　　　　隋

200　　　　　　　　　400　　　　　　　　　600

公元開始之後的幾個世紀，持續而來的各種瘟疫和傳染病造成了大量人口死亡，人們懺悔和求救的願望強烈，越來越相信日益興旺的基督教。

一世紀時，結婚只是羅馬貴族安排自己生活的選擇之一，二世紀後，結婚卻成了羅馬貴族官員一輩子的軸心。同時，別墅（villa）的形式也開始出現。

313年，君士坦丁大帝因皈依基督教，而頒布《米蘭詔書》，基督教成為合法宗教。而基督教的倫理道德觀念也開始逐漸對每個家庭的生活作息及婚姻產生影響。九世紀開始，教會嚴格規定婚姻規則與夫妻生活，是基督教小家庭制度與古羅馬及古日耳曼時代的大家庭制度的分界點。

從第三世紀開始，有許多男女到沙漠中孤獨一人，禁欲苦修，是為「沙漠聖父」。但是在大約同時，基督教的主流也越來越世俗化，產生另一股不同的力量。從第四世紀到十四世紀的歐洲社會，由於當時的人們普遍認為孤獨的生活十分危險，因為一個人必須單獨面對自然界的野獸與成群的強盜或蠻族的迫害，因而有人主張應該立法禁止獨居式的隱修。

395年，羅馬帝國分裂為東、西帝國。476年，西羅馬帝國滅亡。之後，各地戰亂頻仍，城市成了農奴、鄉下人的避難所，由於當時的城市公共衛生很差，隨著人口大量地移入，各種傳染病也開始盛行，城市人口死亡率居高不下。直到十九世紀後半，倫敦等城市開始改善都市衛生系統後，情況才獲得改善。
十世紀，農民求生困難，競相依附貴族，成為農奴，歐洲各地的莊園制度因此興盛。

五世紀，隨著羅馬帝國的滅亡而與其他希臘文化一起消失的椅子，重新出現，但形式已與希臘時代的椅子有所不同，然而此時的椅子主要起裝飾之用，並象徵坐椅子者具有重要的身分地位。

六世紀，主教會議文件將禁婚規定進一步擴大，尤其嚴厲指責亂倫的行為，主張結婚的人必須禁欲。

六世紀中開始，中國南北朝時代的建築技術、風格隨著佛教自中國經朝鮮、百濟而傳入日本。七世紀時，隨著日本遣唐使前來中國學習文化禮儀，中國的家具及生活禮儀也進入了日本人的家庭及生活之中。日本人開始採用跪坐、跏趺的方式，席子也成了榻榻米的源頭。直到十九世紀，明治維新之後，日本的建築與家庭生活才開始轉而受到西方的影響。

隋朝開始開科取士，通過科舉考試的方式選取官員，門第的重要性因此漸漸削弱。南北朝時的世家大族也隨著歷次的戰亂而衰敗，故有「舊時王謝堂前燕，飛入尋常百姓家」之語。

武則天當權後，更開設殿試、武舉，以親自考試貢士，並選拔有軍事才能的人。藉此提拔出身寒微的人，以打擊世族以及宗室舊臣的勢力。

唐朝末年，民不聊生，爆發黃巢之亂，門閥制度遭到徹底摧毀。

● 唐朝建立後，提倡儒家思想，主張「以禮入法、出禮入刑」。唐朝法律更規定祖父母、父母在世時，子孫不得外出獨立，另立戶籍。違法者，處徒刑三年。而對於累世同居的家庭則加以表揚及賞賜。因而到了唐朝中期時，名將郭子儀竟達到了「家人三千，相出入者，不知其居」的狀態。

唐高宗曾造訪九代同堂的張公藝詢問治家之道，張公藝只是要了紙筆，寫了百餘個「忍」字，結果唐高宗「為之流涕，賜以縑帛」。後代清人張潮在《幽夢影》中提出：「吾家公藝，恃百忍以同居。千古傳為美談。殊不知忍而至於百，則其家庭乖戾暌隔之處，正未易更僕數也。」

唐朝中期，外族傳入的高腳椅子開始成為主流坐具而取代席子，而隨著椅子的廣泛使用，桌子也開始出現並取代几。宋朝時，跪坐的方式完全被座椅所取代，桌椅也成為家庭中重要的家具。

唐朝時，岳父開始有了「泰山」的稱號，而女婿也開始有了「半子」的說法。

宋代程頤有「餓死事極小，失節事極大」之名言，中國人後來對婦女貞節之重視，程頤這句話影響深遠。

● 宋朝時，禮教大盛，一家之主的權力也大為膨脹。家長不僅可以決定子女是否受教育、為子女選擇日後從事的職業，更對子女的交往對象以及外出旅遊的距離有著嚴厲的控制，如出遊時不得超過二十里外，男女之間不得隨意交往、甚至不准跟寡婦的兒子交往等等。而最嚴重的自然莫過於為子女選擇婚配的對象，如果子女不從，就要受到懲罰。

北宋時期，據宋人張瑞義在《貴耳集》中所說，吳淵因為看到當時任太師的秦檜於椅子上仰頭時，頭巾墜落，為了奉承秦檜，吳淵便命工匠在椅子上安上荷葉托首四十柄，因而此椅便被命名為「荷葉交椅」或「太師交椅」，簡稱太師椅。而唐朝時，胡床經過改良，到宋朝時形成交椅，交椅是一種支腳交叉、可折疊的椅子，而這種獨具中國特色及功能的椅子，則標誌著中國椅子文化的真正開始。

● 創立元朝的蒙古人，將人區分為「蒙古人、色目人、漢人、南人」四等，其中以蒙古人享有最高的階級地位及權力。蒙古人為游牧民族，過著逐水草而居的生活，為了適應這種遷徙頻繁的生活，於是便發展出方便攜帶及可以隨地組建的蒙古包。包，是滿語，也就是漢語中家、屋的意思。至今約莫仍有45%的蒙古家庭，生活於牧區中並以蒙古包為家。

馬致遠《天淨沙》：「枯藤老樹昏鴉，小橋流水人家，古道西風瘦馬。夕陽西下，斷腸人在天涯。」寫盡遊子情懷，而同為元曲四大家的關漢卿及鄭光祖則開始在雜劇中提出「離鄉背井」的說法。

● 996年，法籍教士熱爾拜爾（Gerbert of Aurillac, 945-1003）發明了機械鐘。到十三世紀末，時鐘成了城市的新象徵，人們的生活起居、作息時間也開始越來越受制於精確化的時間。同時由於時鐘的出現，工作表現與時間單位發生聯繫之後，生產力的概念也就誕生。時間就是金錢的觀念，因而成形。

十世紀至十三世紀之間，抽水機、水平織布機、灌溉水車、風車等也陸續發明。

十一世紀，煙囪發明，但直到十七世紀時才開始普及。

1095年，為了解救被土耳其人占領的耶路撒冷，十字軍東征開始。十字軍東征，將回教文化的澡堂設計傳回歐洲，中世紀開始，歐洲大多城市開始建設大量公共澡堂。

中世紀的家庭，其成員組成複雜，除了家屬親人之外，還包括員工、僕人、學徒、友人等等，人數往往多達二十幾個。而用餐時，主要用手抓並輔以湯匙，刀叉尚未在餐桌上使用。此時的衣著也主要在表達身分地位，對於什麼社會階級應該穿何種衣服，其禮儀都有詳細規定。商人不管多富有，也不能穿限於貴族穿著的貂皮大衣。

● 十四世紀，住處與工作地點結合，是典型的布爾喬亞住宅的特色。這些住宅都設有排水裝置及地下污水池，但尚未使用下水道。而其廁所的排泄物則往往直接排入溪流之中，導致飲用水受到污染，爆發霍亂疫情。

同時，一位英國商人的遺囑顯示，他住他的大廳堂擁有四張床及一個搖籃，而一張床也通常要好幾個人擠在一起入睡。因此幾對夫婦同床而眠的情景，也並不罕見。

十四世紀，黑死病傳進歐洲，歐洲將近四分之一人口死亡。

明朝時，從唐代開始實行的「父母在，子孫別籍異財處三年徒刑」的規定，此時減輕為「杖一百」，而且必須「祖父母、父母告乃坐」。

永樂年間（1403-1424），鄭和下西洋。

明吳麟徵《家誡要言》：「家業事小，門戶事大。」當時人普遍認為即便是再富有，如果有了不好的家風，在社會上也會抬不起頭，此語即反映了從宋代以來人們注重門風、家風的狀態。

 自明萬曆（十六世紀）以來，社會經濟變動，財富增加，婚姻行為亦起變化，開始有「婚嫁論財」之風，即「婚姻不論門第，惟從目前富貴」。至清雍正年間，中產之家多有鬻產娶婦之事。此等風氣所及，婚嫁禮制形同虛設。此外，「聘定重諾」、「嫁後從一」的傳統，也因財富的興起轉變為「貪聘悔婚，挾後改適」，明清兩代官府常謂男女婚嫁應立「婚書」，就是因為口諾已難作信。

男女的成婚年齡，周朝是「男子二十而冠，始學禮；三十而有室，始理男事。女子十有五年而笄，二十而嫁；有故，二十三年而嫁」（《禮記》），「三十不娶則為鰥，二十不嫁則謂過時」。但到了春秋以降，都以男子二十，女子十五為普遍。唐朝開元年間，定為「凡男十五以上，女年十三以上，於法皆聽嫁娶」。宋朝以後定為男十六，女十四以上，明朝、清朝皆以此為根據。清朝尤以男子的早婚為甚。

1400 **明** **1500** **1600**

十五世紀時，來自印度西北部，有著亞利安人血統，使用屬於印歐語系中的梵文的吉普賽人，因被歐洲人誤認為來自埃及（Egypt），而被稱為「Gypsy」。十字軍東征時，因被誤認為伊斯蘭教的第五縱隊，而從此開始遭受迫害的日子，時至今日許多國家甚至刻意忽視他們的存在。而喜好風流浪的吉普賽人則將馬車與帳棚當成自己四處流浪時的居所：家。

1492年，哥倫布發現新大陸。

十六世紀之前，子女年滿七歲後，就會被父母送出家門當學徒。十六世紀時，學徒式的教育方式逐漸被原先純屬宗教性質的正式學校教育所取代。子女待在家中的時間，因此而得到延長，親子之間的互動開始增加。

十六世紀初，原本由十字軍傳回的公共澡堂多淪為妓院，因而遭到查封，其結果使得缺乏私人浴室的城市之公共衛生受到了威脅。同時，巴黎市頒布法令，規定每棟房屋必須裝設能將廢物排入地下污水池的廁所。

十六世紀，佛羅倫斯的大家族習慣只為一個兒子娶妻，甚至也只為一個女兒陪嫁，因此到了十八世紀的威尼斯，終身不娶的兒子其比例上升到人口的64%。

1596年，英國約翰·哈靈頓爵士（John Harrington，1561-1612）發明抽水馬桶。

十六世紀末開始，英國清教徒發動宗教改革運動，宣布脫離國教，結果受到宗教迫害。於是清教徒開始了移民的歷程。1620年，清教徒登上「五月花號」前往新大陸，而這場宗教改革運動，也擴充了父親在家庭中的權威。清教徒認為虔誠的信仰與堅強的意志必須從家庭做起，因此父親有義務對妻兒進行管教。家庭內部因而形成嚴格的等級結構。

1635年，荷蘭萊頓城在六個月的時間裡，有三分之一的人口死於傳染病，導因在於公共衛生設施及個人衛生習慣不佳。但荷蘭人對於家具的清潔卻異常重視，此時，由於雇用僕人的人數減少等因素，家庭中主婦的權力提升，直接促成了室內裝潢的革命。

十七世紀中巴黎開始出現專供睡眠的房間，稱為寢室（chambre），個人隱私逐漸受到重視。同時，石材取代木材成為房屋的主要建材，昂貴的玻璃也開始降價並取代油紙成為窗戶的建材，四柱床開始流行，居家中也開始普遍裝設壁爐與煙囪。但壁爐的技術尚未成熟，致使裝設壁爐的房間往往煙霧瀰漫、嗆人流淚。居住與工作逐漸分離，家開始成為專供居住的處所。

十七世紀後期，英國人開始以「house」來專稱住家。

清朝禮部侍郎蔡世遠（1681-1734）在《示子弟帖》中明言：「倫理之虧，大抵由於自私自利。」而《名公書判清明集》中則說：「財產乃其（家族）交爭禍根。」一針見血地指出了古代家庭中家財之爭，往往是使父子離心、兄弟反目的根源所在。

● 曹雪芹（約1715-1763）寫《紅樓夢》，體現了古代大家庭中各種各樣的生活風貌。

沈復（1763- ）寫《浮生六記》，對自身夫妻間的愛情生活、生活中的閒情逸致及家庭變故等感受都有細膩的描寫，反映清朝乾隆時期人民家庭生活真實的一面。

曾國藩《曾文正公家訓》，是家教的書信集。民國時，由於家庭教育受到重視而有人將之加以整理增補之後以《曾國藩教子書》問世。書中曾氏告誡子孫：「爾曹惟當一意讀書，不可從軍，亦不必做官。」

● 1840年，鴉片戰爭。

明朝時，明太祖把一些棄宋投金者的後人，明成祖把一些不附和他「靖難」的人都貶為賤民，名之為「惰民」、「丐戶」、「樂戶」，不能與他人通婚。

清入關之前，把各部落被俘者編為包衣，也是賤民的意思。後來清朝雖然把許多賤民都除籍，列為平民，但是民間仍然保留故習，「鮮與通婚」。直到民國成立，其情形始有變更。

● 1668年，康熙關閉山海關，封禁東三省；咸豐十年（1860），此禁取消。「闖關東」，迅即成為動亂貧窮年代的人想要建立家園的實踐之地。

清

| 1700 | 1800 | 1900 |

● 十八世紀，隱私的意識大興，主人與僕人之間的距離更加拉大，主人除與僕人分居之外，也開始以鈴索作為傳喚僕人的工具。而為使僕人不靠近主人，更為此發明了遞送食物的手動升降機。

1752年，富蘭克林發現了電。

1769年，瓦特大幅改良蒸汽機，為工業革命揭開序幕。人們的家庭生活模式也受到改變，工廠按時上下班的情況嚴重地影響了家人之間的相處與交談議題。

十九世紀，煤氣燈問世，開始取代蠟燭與油燈，成為夜間的照明設備。1807年，倫敦首先出現煤氣街燈。

● 1829年，「Boston's Tremont House」首創提供旅客投宿房間私人鑰匙、熱水及浴廁設備，同時有行李員編制，號稱「當代旅館工業之始祖」。

1831年，法拉第發明了發電機。

1852-1870年間，英國實施歐斯曼都市計畫，公寓式房屋（apartment）開始大量興建。

1857年，奧蒂斯（Otis）發明電梯，是日後摩天大樓得以實現的重要發明。

1858年，美國費城人史密斯（Hamilton Erastus Smith）發明電動洗衣機，為人們節省了許多的時間。

1870年，德國宰相俾斯麥規定公務員六十五歲退休。

1877年，愛迪生發明留聲機。1879年，愛迪生發明電燈。

1885年，美國芝加哥家庭保險公司建成，被公認為世界第一幢高層建築，具有高人一等的象徵意義。從此興建摩天大樓的熱潮開始。

●1912年，中華民國建立。

1915年，宋慶齡不顧家庭反對，與孫文結婚。五四運動之後，藉由自由戀愛而結婚的風氣開始興盛。

新文化運動中，女權革命是一個重點。1916年，陳獨秀在《新青年》上發表一篇文章〈一九一六年〉，主張女子要從被征服者的地位改為征服者的地位，並對儒家舊式三綱的觀念提出挑戰。

二十世紀二〇年代，隨著租界的開放，上海也開始出現西方式的小洋房，西方建築開始遍布於中國境內。

1922年，徐志摩登報與結縭七年的髮妻張幼儀離婚，為中國現代史上第一宗離婚案件。

●1930年，國民政府公布《民法》，規定：「男未滿十八歲，女未滿十六歲都不得結婚。」

1937年，南京大屠殺。

1945年，中國對日八年抗戰勝利。

1949年，台灣三七五減租。1951，耕者有其田。1954，公布「實施都市平均地權條例」。

1949年，中華人民共和國建立。

1970年代，台灣的勞動力開始由農業過渡到工業，人口也逐漸由鄉村往都市集中，伴隨而來的則是小套房出租大樓的逐漸興盛，大量前往都市就業人口的居住問題也因此獲得了解決。

1971年，台灣推行「兩個孩子恰恰好」的家庭計畫。1980年，大陸開始嚴格執行一胎化政策。

1972年，台灣開始推廣家庭副業。家庭代工興盛。

1978年，發布國民住宅貸款辦法，公寓出現。

1980年，中共人大批准經濟特區，大陸個體戶取得合法地位。

1980年代，台灣進入婦運蓬勃期。許多大事都可看出女性意識與權益的提高。這個年代也是台灣性解放的年代。

1950年代後，由於國民政府的軍隊遷移來台，軍人家屬等開始形成獨特的「眷村文化」。同時，中共建政後，也由於軍隊的遷防，軍人家屬等開始形成獨特的「大院文化」。

1950年，《中華人民共和國婚姻法》頒布，法令內容規定了「婚姻自由、一夫一妻、男女權利平等」等等事項。此後，中國大陸也將配偶改稱為「愛人」。

1964年，台灣衛生署推廣「樂普」避孕。

1966年，文化大革命開始。文革對中國傳統的家居，以及傳統的家庭觀念和價值觀都產生了根本的破壞。

1900　　　　　1920　　　　　1940

●二十世紀前的歐洲，因為褲子是剛毅與男性的象徵，所以女人只能穿裙子，不能穿褲子。如果女人也敢穿褲子，男人就會懲罰她。因此直到1910年以前，即使在時裝王國的法國，也只有身分很特殊的女人，才敢在騎馬等運動場合冒著風險穿褲子。
1911年，法國一位設計師的妻子，身穿穆斯林長褲出現在「一千零一夜」夜總會的舞廳裡，轟動一時，長褲之風漸露端倪。1914年，第一次世界大戰爆發。男人都上了前線，就像十字軍東征時所造成的影響一樣，歐洲的女人再度因為男人出外作戰，而擔負起更多的工作與角色，並且這次還開始走出家庭。女人去工廠接任男人的工作，長褲成為方便而實用的衣著。第一次大戰結束後，歐洲女性走回家庭，重拾裙褲之分。褲子在西方女人的流行，還得等待三〇年代美國好萊塢的影響，及二次大戰結束後，才全面展開。

1925年，貝爾德發明電視機。1928年，貝爾德進一步研製出彩色立體電視機。

1927年，四分之三的美國家庭已開始使用電熨斗，許多的家庭也已開始使用真空吸塵器。

●1929年，吳爾芙發表《自己的房間》，要求女性要有自己的房間，並要求穿著過去象徵男性的褲子。

1933年，美國因經濟大蕭條，而導致失業率飆升至25%。

山額夫人（Margaret Sanger, 1879-1966）推動避孕的方法，以及節育的觀念。1960年，翟若適（Carl Djerassi）發明的口服避孕藥真正商業化上市。

二次大戰期間，納粹屠殺六百多萬名猶太人。1947年，聯合國安理會通過巴勒斯坦分治決議，將巴勒斯坦的領土一分為二，其中一半劃給猶太人建以色列國。

●1945年，二次大戰結束，前線的丈夫、情人歸國後，造成戰後嬰兒潮。同時由於美國國力與科技的發達，美國的家庭設備與生活方式，對全世界都發生重大影響。

1945年，美國人斯班塞（Percy Spencer）發明微波爐，而第一台家用微波爐則於1947年上市。

1968年，ARPANET開始網際網路的時代。

1971年，傳送第一封電子郵件。

1975年，第一部行動電話獲得專利權。

1983年，全球第一個商業行動電話面世，由摩托羅拉出產。手機的真正大盛，要到將近二十年之後；而它對個人生活的主動性安排，具有革命性的影響。

1987年，台澎地區解嚴，開放大陸探親。

1989年，台灣無殼蝸牛運動。

1990年代，西方「頂客族」的觀念進入台灣。「頂客族」是DINK（Double Income No Kid）的音譯，原指當代美國雙薪、無子女的夫妻。

1998年，IKEA進入台灣，對個人家居生活影響深遠。

1998年，台灣離婚盛行，單親家庭大增，生活於單親家庭的兒童則從1944年的31萬5千名增加到37萬7千人，相當於每十七位小孩就有一個是出自單親家庭。

1999年，九二一大地震。

二十一世紀，大陸施行一胎化政策後誕生的子女開始進入適婚年齡，而由於其前後公布的兩部婚姻法，明訂：「子女姓氏可隨父姓，也可隨母姓。」因而開始引發男女雙方家族對於後代姓氏的爭奪戰，「誰該絕子絕孫」的問題也開始成為家族間不合的導火線。

2001年，台灣國民所得由1950年代的80美元，歷經1970年代的兩千多美元，1993年的10,566美元，此時到達顛峰14,000美元。

2001年，西方的「BOBO族」觀念進入台灣。「BOBO族」係由「Bourgeois」（布爾喬亞）和「Bohemian」（波西米亞）兩詞合併而成。原指二十世紀六〇年代出生的菁英分子，這些人既擁有高學歷、高收入，又追求物欲、注重心靈成長及講究家居生活品味。

2001，大陸婚姻法修正，包二奶者及二奶，都將面臨有關「重婚罪」的懲處。

2002年，約有四分之一的台灣男人娶外籍人士為妻，人數高達四萬四千多人，其中大陸及港澳地區的配偶就占了一半以上。截至2003年為止，累計登記有案的外籍女性配偶已達二十五萬人。

1960   1980   2000

1977年，任天堂電視遊樂器進軍美國，此後推出的《超級瑪莉》成為風靡全球的遊戲。電視遊樂器開始入侵每個個家庭，同時成為人們消磨以及浪費時間的娛樂活動，同時往往也是親子關係發生衝突的原因之一。

1977年，Apple II問世，正式開啓個人電腦時代。1990年，提姆‧柏納李（Tim Berners-Lee）把網路帶入ＷＷＷ時代，網路開始真正日益普及。此後網路與電腦，巨幅改變人類家庭、工作與休閒生活的本質及面貌。人與人之間的距離，一方面由於這些工具而可能天涯咫尺，但也可能咫尺天涯。

1978年，英國第一個試管嬰兒誕生。人工受孕懷孕生子，開始成為無子家庭獲取小孩的方式之一，新的家庭問題於焉誕生。

1980年代，西方單親家庭的數量由1970年代的25%左右，攀升到50%。歐洲一帶，尤其嚴重。

1988年，瑞典首開世界先例，通過立法，給同性戀伴侶包括納稅、繼承及其他相關福利。

1990年，丹麥則通過「同性戀法」，同性戀者可以結婚，並享有一般男女夫婦一樣的權利。同性戀婚姻與家庭開始增加。

1990年，柏林圍牆倒塌，冷戰時代結束。

2004年，聯合國十年一度的「國際家庭年」。

2004年2月，兩位女同性戀者舉辦婚禮結婚，是美國歷史上第一對正式結婚的同性戀人。

2004年，印尼強震引發東南亞大海嘯，造成十幾萬人死亡，百萬人流離失所。

PART 1

屋

住宅的

人與環境之間一直存在著一個頗富意義的關係，
而住居即是該關係的呈現，
人透過認同，尋找一種歸屬。

文・圖—徐明松

演變

若以一個更寬廣、本質的角度來看住所（to dwell）這個詞，可看出人如何去完成他們生存在天地之間、由生到死的流浪之路。無論何處，流浪始終保有其居住的本質，只因我們立足於天地之間、生死之間、快樂與痛苦之間……。如果我們說這個多樣性存在於世界，那麼這個世界就是一棟有人居住的房子。然而這單一的房子，包括村莊與都市，都是建築作品，各自在其內部與四周集結成多樣狀態。建築群使大地成為一個接近人的居住地景，同時，在穹蒼的寬闊空間下，安置了親近的鄰里性住所。

——諾伯休茲〈住所的概念〉，1984

建築學者諾伯休茲（Christian Norberg- Schulz）以現象學的敘述寬廣地定義了住所的概念，當然這裡談的並不是住宅，而是「家」的廣義概念，這裡的家，指涉的是人類如何定居在這個世界上，如何定居在一個有場所感的土地上。人與環境之間一直存在著一個頗富意義的關係，而住居即是該關係的呈現，人透過認同，尋找一種歸屬，當人定居，發現自我，他的「在世存有」（being in the world）才被確定，藉由一種有認同感的形式而確定。建築其實就是此一住居行為產生的形式，其中，又以住宅成為人類建築活動的主體。

從歷史的角度看，東西方住宅的演變各有其清楚的文化脈絡，但在工業革命以後，世界似乎以飛快的速度完成了住宅面貌的融合，雖然是西方人發明形式、引領潮流，但是東方人也不遑多讓，追趕於後。總之，十九世紀的住宅問題逐漸超越形式層面，而進入到都市層面，因為人口的集中使新的集居方式因應而生，各式各樣不同新類型住宅如高層公寓、連棟透天、獨棟別墅等陸續出現，其中涉及的是住宅建築與土地／自然的關係，但也牽涉一個極端複雜的空間權力關係，住宅不再只是單純的社會議題，也是政治與經濟的議題。如今加上資訊的傳播、技術的普同，讓原有各文化的自明性（identity）變得模糊難辨。儘管如此，從文化的層面來說（如果地球沒被那些嗜血的人類所毀滅的話），我們還是可以很樂觀地認為只要時間足夠，終究不同的文化還是會找到屬於適合自己的形式。

一切從遮風避雨開始

從目前的考古資料顯示，最早的住宅出現在新石器時代，此時的住宅充其量只不過是遮風避雨的窩棚，不論東西方都無甚大區別。大抵上僅是分隔出一個屬於自

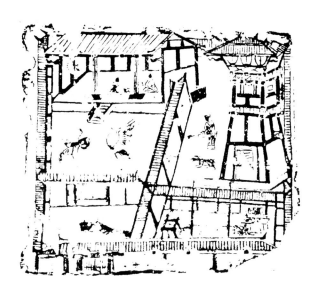

四川出土的漢畫像磚。圖中可見門與堂之間仍由一堵牆劃分，並無建築區隔院落。

己家庭的空間，再用泥土或蘆葦築起四周牆身，加上屋頂，便成住房。劉天華教授在他的《中西建築藝術比較》一書中的住宅比較即提到：「西方考古學家在埃及西北方四十公里處，發現新石器時期的兩種早期住宅，一種以木材爲牆基，上面用木構架和蘆葦編牆；另一種以卵石爲牆基，上面用土坯建造。這兩種形式跟中國古代的穴居、巢居頗爲相似。」瑞士東邊山區阿爾卑斯山麓上有許多以石造爲基座，上半段則以木構造覆之的儲藏用小屋，就類似這種史前建築。林會承教授在他的《先秦時期中國居住建築》一書中也指出，「新石器時代早期住屋初成時，基本上是爲了遮風避雨、防止蟲獸的侵擾，住屋的空間形式均簡單，這種求安全、生存，是營建的主要意義。」

顯然地，在住宅的史前史這一段，無論東西方都可辨認出以住宅作爲避難空間的意圖，形式簡單，室內空間還未做功能上的細膩區分，不過牆（無論是穴居的頂或築牆式的牆）確實是隔絕與保護的重要元素。隨後這簡單的穴居或半穴居功能也漸趨複雜，「在稍晚的半坡及少數的地穴居址的牆壁內或居住面下，發現了人頭骨……它的確實成因尚不明瞭，但是很可能是築屋時原

始宗教儀式用的牲品。」按林會承教授的敘述，我們可以察覺，相對於其他動物，人類似乎對死亡後的安葬開始感興趣，從只是在居住空間周圍的死亡儀式，逐漸發展到集中安葬，也就是後來墓地、聖祠的出現，明顯看出人類群聚後對死亡現象的虔敬與恐懼。

從重防禦到追求身分表徵

西方居住空間經歷古希臘，到古羅馬時期，有較大的飛躍，城市中除了富裕階級的庭院式住宅外，還出現了滿足一般平民生活需要的多層公寓式住宅，而城郊則有富人休息消遣的別墅式住宅。譬如說我們在龐貝古城發現一種內聚型的「合院式」住宅，裡面有屋頂往內傾斜的廊道式內庭，名叫「阿特里安」（Atrium），可爲正方形或長方形，中庭內有一方與天空開口等大的水池，在中庭軸線兩側，有門者爲臥室，無門者，一爲餐廳，一爲廚房（房內供奉灶神）；面向中庭，與入口玄關相對的空間爲「塔布里魯」（Tablinum），它是象徵權威的族長辦公室，另外住宅的沿街面爲商店，可能出租，也可能自己經營，商店與住家有各自獨立的出入口，互不相通。當然這種住商合一的官邸式住宅，在征戰、混亂

01：義大利貝魯加（Perugia）城
　　老城區的街道砌著紅磚鋪面，透露出濃厚的場所感
02：德國鄉間小屋
　　樸素簡單的鄉野農舍，透露出與大地的和諧對話
03：義大利威尼斯布拉諾（Burano）小島
　　島上盡是彩色房子
04：義大利翡冷翠（Firenze）
　　梅迪契家族的粗石砌官邸
05：義大利維欽察（Vicenza）
　　文藝復興建築師帕拉底歐建造的圓形別莊，四面有神廟似的入口，
　　優雅地坐落在維欽察郊區山坡上

的中世紀全面式微，再加上天主教的經院哲學也不重視俗世生活，更別談商業活動，因此一直要到十五世紀，城市經濟活絡一段時間後，這類住宅在義大利許多城邦國家才重新恢復。之後在文藝復興及巴洛克建築我們看到該類型建築的精采詮釋，從梅迪契家族的石砌官邸到帕拉底歐（Andrea Palladio）炫耀式的圓形別莊，由著重防禦功能轉而追求表現，住宅愈來愈成為身分表徵的工具，逐漸脫離單純的需求功能。

對稱有序的中國院落式住宅

　　與西方住宅相比，中國古代住宅建築的風格比較統一。劉天華教授認為中原大部分地區，無論城鎮或鄉村，住宅大多採用木構架承重的單層坡頂房屋，房屋彼此相連，圍成獨特的起居院落。根據近年商代民居建築的考古挖掘，發現早在奴隸社會初期，依照南北軸線排列的院落式住宅已經存在，到了周朝初期，已經形成了四合院的住宅形式。在陝西發現的建築遺跡證明了在公元前十一世紀，中國已有前後兩進的四合院住房，大廳排列在院子中軸線上，兩廂是一連串的小房間，主次分明。牆以夯土築成，外部用石灰細砂及黃土混合抹面，

屋頂局部採用蓋瓦，院子有陶製的排水管和卵石砌的下水道設施。

春秋時期士大夫的住房更臻完善，中軸線上設有門與堂，大門兩側為門塾，門內為庭院，院內有測日影的碑，正上方為堂，是會見賓客、舉行儀典的地方，堂左右為廂，堂後有室，為休息之處。這樣的隔局，體現了中國社會內外、上下、賓主分明、先後有別的「禮制」思想，而門、堂分立，就成為中國建築的主要特色。門、堂之間藉著牆或輔助建築構成一個個的庭院，將封閉的露天空間變成廳堂等室內空間的有機延伸，方便生活起居。周代之後，門堂之制這個「禮」被納入儒家學說之中，對封建社會的建築藝術產生了不可低估的影響，這也是對稱有序的院落式住宅在中國沿用數千年的主要原因。

從平面形式來看，中國古代門堂分立的四合院似乎與古希臘、羅馬的圍柱式庭院住宅十分相似，但實際上設計理念卻有很大的差異。西方住宅的庭院主要是為了解決通風、採光問題，所以房間、餐廳，甚至作坊都圍繞院子而設；中國住宅是依據門堂分立構思，堂是房間的主體，門是一種標誌，是軸線上建築序列的起首，頭

和體之間要有一個過渡，也可以是抽象的過渡。因此中國合院式住宅顯得較為儀式性，有種不可逾越的氛圍。不少早期四合院在門與堂之間只用牆垣圍閉，房間不敷使用時再在東西圍牆增建兩廂，說明了中國住宅的院子並非完全為了實用。另外，西方住宅為了充分利用庭院空間，常常圍繞院子增建層樓，以增加使用面積；中國則為遵循門堂之禮，將所有住房都依序排列在中軸線上，這與西方住宅為了求取最大使用面積，向上發展成行列式的多層公寓做法，是截然不同的。

尋找新的居住語彙

十九世紀上半葉，住宅由於工業革命帶來的多項革新開始產生急遽變化，先是營建技術的改變，從承重牆到鋼筋混凝土，讓牆不再是隔絕外在世界的枷鎖，而是一個隨時可移除或由玻璃取而代之的介殼，頓時輕盈取代了厚重。無論中西，古典的平面類型由於營建技術與居住方式的改變而不得不改變，住宅內部也開始百科式地作了功能細分：客廳（living room）、餐廳、廚房、臥房、浴室與工作間（或工作陽台），甚而還有稍具私密性的起居室（sitting room）。像西方建築師柯比意就對住宅類型的現代化著力很深，譬如說如何工業化住宅，提供更經濟的住宅解決中低收入戶的社會問題，或者是如何在集合住宅內安置大自然及解決私密性。我們就以私密性為例說明，柯比意解決家庭內每一個成員的隱私空間的方法是：樓中樓與縱深平面（以馬賽公寓為例）。藉由樓中樓可以將動態（客廳、餐廳、廚房）與靜態空間（主臥室與小孩房）分開，而縱深平面自然可以解決父母親與子女各自擁有獨立空間的需求。

而另外一位東方建築師安藤忠雄則努力在住宅空間中尋找東方感，譬如說他1976年完成的傳統街屋式的住吉長屋，引發出新的議題。相對於其前期的作品，看似相同的拉長矩形體，也是左右對稱，以橋廊封閉中庭並聯結前後，不過這回中庭是拿掉頂蓋的開放性天井（西方機能主義觀念，是進入室內就全部為遮蔽的室內空間），因此我們看到一種毫無表情的極簡語言，接近巨石結構（trilitico）的語法形式，或者可以解釋為神社前

06：馬賽公寓外觀圖
07：北京三合院透視圖
08,09：宜蘭厝
宜蘭林志成建築師設計的宜蘭厝，有明顯的原住民圖飾

鳥居的隱喻抽象演化。住吉長屋的內部隱藏著不願退讓的僞善——中庭接收光線、風和水，享受片段自然的反機能主義姿態。幾近一種儀式行爲，或許反機能主義還不足以說明，倒不如說是回到東方傳統的街屋經驗。傳統長條街屋空間的進落：切分均勻與內外不分，蘊涵著時間流動的效應，這在西方是不常見的空間經驗，因此安藤試著剔除先前其他住宅過多的語言干擾，重返傳統。因此住吉長屋是安藤忠雄結合東西方的嘗試，將來自當代西方「新傳統」的基礎做爲他「新技術」操作的厚實架構，歷史傳統則以自然體驗的方式，逐漸滲入該架構的骨髓。

　　近幾年來台灣的都市發展中，我們看到住宅問題日益受到重視，宜蘭縣政府推出的宜蘭厝活動就是一種現代民居的努力，儘管活動最終只涉及了都市住宅類型中的微小部分。住宅是所有建築類型中最能表徵文化，也與人類生活最緊密，且影響人類至深的居住盒子。如果能爲住宅形式找到出路，不僅改善了都市，也將改善可以識別的文化身分。■

本文作者爲銘傳大學建築系專任講師

女人與廚房的故事

她用身體，將具體歷史文化情境的皺褶給縫進家裡廚房。

文—陳艾

凝視著空間中的女人，幫她訴說著她的不在，幫她尋找著另一個可在的世界，其實都只是凝視者自身的焦慮。卻忘了她其實就在的，她就在這個世界中用她的身體在空間畫布上或白描或潑灑一層層生命的顏料，即使蹣跚辛苦。可也正是用身體一路把原本冰冷僵硬的磚瓦屋牆披上層層情感的記憶，或挫折或沮喪，才讓她懂得什麼叫力量。力量來自於肉身情感面對理性世界時的無力，卻又能自那空間中層層的記憶顏料裡取回生命色彩的時候。

所以，她不在家。可家是什麼？家在哪裡？我說，家在她所在之處。家在她舉手投足之間。家當然在田野間，高樓裡，家也在她瞳孔裡閃現的樣品屋中；家在百貨公司，在捷運站裡，也在城市中的街道上；家在她的辦公桌上，在她急馳的車中，在打卡機計時的剎那，在

與鄰居同事閒聊的瞬間。

灶前，既冷又暖

　　家，在千年的廚房裡。

　　廚房的浸染，讓她由陌生而熟悉地扮演一個餵養者哺育者的角色。可在這千年長河中的她，其實嗅著的是不一樣的柴火味，撫觸著輕重不同的刀柄；她用不同的身軀不同的姿勢在大灶小廚間周旋蹲站；她沉想盤算著片刻間的大小訊息：一顆萵苣究竟是睡躺在後院的菜園

裡還是冰冷超市櫃中，中午的飯盒是用竹籃拎到田間還是用保溫罐騎送到學校；歷史的紋理在日常作息間刻印到每個她的身體上。

曾經，她蹲踞在廚房中磚砌的大灶前，熟練地生著柴火，這是她自小練就的功夫，不時地要探頭用鐵桿子去翻動爐火。那時的大灶要不是土砌或磚砌，要不就是城市裡更時興的鐵製機器灶，可她都得依著經驗利用火力強弱分階段煮食米飯、煎炒菜肉，再蒸煮麵食。就這麼，灶前廚房裡，總是圍繞著三兩妯娌婆媳，或嬉笑，或滿是汗水，或蹲或站，動手擦肩轉身地忙著，間或從板凳上揚起身，跨過攤滿了一地的醃漬瓦罐和剛從菜園裡拔下的莖果菜蔬，把殘皮菜葉往後院堆肥處扔去，還不時要張望著門外孩兒們玩著的身影是否依然，再瞇眼回瞄日頭的位置，度量著灶上菜飯還能著磨多久，是否

要趁空收下桿架上的衣襪。

那時，廚房總是在左廂或右廂的後側，陰暗的光線鋪在油光的紅磚牆面上，既冷又暖。飯廳或與之相連，或在大廚中間擺置一張大圓桌即是。家人們除了過節，大都不是闔家共餐的，人口眾多的還得輪流上桌，當然是男人們先吃，吃完了才輪得到女人小孩。但她總是最後一個，不論長大回家探望她的兒女們怎麼喊她一塊兒坐下來，她早已習慣了趁家人們吃飯時一口氣把各式鍋盤洗乾淨了再說。

除了少數鍋盆竹簍瓦罐從市場中購得，其餘各式菜食乾貨都得自製。整天不停地勞作讓一雙手很快就染了一層硬皮又粗又紅，擦拭著爐灶時反而是那油亮的紅磚還細緻些。只有那黑亮的木製碗櫥，和桌上斑駁的焦黃碗印子能和她的粗糙比美。她用身體與廚房中各式作物編織交疊，浸染著家。

現代家務實驗者

地球另一端的她，生命的節奏被迫在短短百年造就的現代化衝擊下快速轉變。資本催逼下大量商品需要找尋新的消費領地。家，特別是家中廚房，是眾商品首先

要敲開的消費大門。然而，更重要的是，要將她訓練成具有科學知識的家務經營者，這樣才能透過她主動的消費，購買有益於家人身心健康的各種家務設備。

但首先，要讓原本習慣於維多利亞時代，生活與作坊混居、家人與作坊師傅不論吃睡都在一起的她，在各種廣告雜誌的召喚教導下，開始想像一種新的都會生活；家宅完全獨立於工作場所之外，家屋空間被分隔成各種不同機能的獨立房間，以便展開健康而獨立的小家庭生活。

接著，身體得被訓練，她被帶到原本是為了培訓女

僕而開設的家務經濟課中，接受科學知識，了解健康的必要條件，並學習如何將碗盤及家具上的細菌仔細清除。同時，在家務專家的研究推廣下，像工廠作業帶一般的泰勒式製程被帶入家中，試圖協助她提高家務工作效率；並且教導她為自己製作卡片放在各個房間，當她一邊清理家中的角落時，要像雇主和科學家一般地監視自己，要求自己記錄清理狀況。家，成了實驗室，而她，則成為家務科學家眼中充滿自信的家務實驗者與管理者。

廚房，更是生活科技化、現代化的展示場。廚房中不再有傳統散置的爐檯與櫥櫃，而是在電氣化設備與自動化給排水的提供下，將冰櫃、碗櫥、水槽、爐具全都整合進連續檯面與嵌入式牆櫃的一體化設計中，所有器物都被藏進壁面後的櫃子裡，強調出乾淨整齊流線感。廚房紙巾滾筒被設計來隨時保持檯面清潔，當時的家務專家推崇這樣的設計是：浪費材料無妨，只要能節省時間。省時與效率成為最高家務指導原則；不同大小的鍋、盆，不同火候的爐具，冰櫃櫥櫃的各式分隔，乃至於流理檯儲藏、清洗、備料、煮炒的系列安排，讓空間成為秩序的控制性元素。

她也不再需要時常蹲踞彎腰地取水燒炭，而是想像可以端坐於高腳椅上，穿著潔白的衣裙，依著手冊食譜中一道道的程序煮食，每道程序皆以分秒計。各式新款閃亮的鍋具瓢匙全都刻著量尺，精確地協助食材分量的控制。效率與精確被空間與科技給視覺化，誘她以身體熟練整編。她得牢記著所有程序，將單格的步驟一一透過井然有序的空間移動，表演成一連串看似優美無誤的動畫。

廚房的變，與不變

眼前的她，坐在才剛整修好的開放式廚房檯座邊，盯著液晶螢幕查詢著便利商店網路年菜的菜色與訂購方式，耳邊依然是大同電鍋噗噗的蒸飯聲，整個廚房與飯廳也都瀰漫著熱騰騰的米飯香味兒，這是三十年來唯一沒有變的傢伙。這個飯鍋跟著她一路走來，一開始是在一大家子透天厝一樓的大廚房裡，還是用當時流行的花色小口磁磚，貼成高低起伏的磚式流理檯，檯面上擠著那個占了快一半大小的黑褐色厚重木製砧板，剩下點地方正好塞下這個可以當蒸鍋用的飯鍋和醬油白醋鹽巴味素等買自小店鋪的瓶瓶罐罐。老式長型街屋改建的透天

厝雖然天花板高了不少，但一顆四十瓦燭光的小燈泡高懸在那兒，讓光線依舊昏暗，只是原本磚牆滲出的泥煤味兒，改成了和著酸酸的水泥味兒和瓦斯爐溢出的金屬和瓦斯味。好在自來水也有了，讓她不再需要彎腰舀水；街上早市的肉鋪菜販，加上電鍋和兩口瓦斯爐，改變了煮食的作習，也讓她能同時分配料理時間。可用洗

了米菜的水再去刷個髒鍋的簡省倒不曾改變。

後來，一家五口有四口舉雙手贊成搬到市區公寓，多年會錢只夠頭期款買一間預售五樓四的三房兩廳，廚房卻只有一坪大小容她一人蹲身。但閃亮的不鏽鋼檯面和壁掛式廚具，以及具有戰鬥精神的抽油煙機，和多了幾個色系的大同電鍋，讓廚房增色不少。每日拎著好幾個塑膠袋的菜肉時貨上下四、五層樓，不知不覺中練就了臂力，也在垂直運動中重複體驗著「現代」生活。就連不鏽鋼鍋盆也都多層多功能設計地長高了許多。

獨特又熟悉的地方感

小小廚房同時炊煮各項食材，意味著必須更加複雜地在腦中事前籌畫，誰要先蒸誰要後煮，誰可久炊誰經不起長烤；電視報紙偶爾嚇人的農藥殘留報導，讓她還要預留足夠時間仔細清洗菜蔬。這些都得在缺乏通風採光的濕熱狹小廚房中揮汗完成。遑論下班後回家前還得趕著採購補貨，邊騎車邊盤算待會兒進超市要怎麼安排動線能在十五分鐘內把雞蛋咖啡莧菜銀魚蒜頭牛奶外加衛生紙砂糖和柳丁一口氣買完，再趕回家去洗米煮飯熱鍋下油。

即使現今愈來愈多外食加外送，她仍不時要在明亮的歐式台製廚具搭配烤箱微波爐的簇擁下，循著最新出版的健康料理食譜做出不尋常的家常口味。不過，不論一套套廚具換成日系TOTO或是歐洲進口品牌，不論瓦斯爐從傳統改良或流行紅外線平口爐還是歐式電子點火三口爐，不論抽油煙機改成隱形式加大風力還是最新流行歐式不鏽鋼機種，不論廚房是否愈來愈講究光線與人性設計，打掉牆面改成透明玻璃與隱形拉門，倒是大同電鍋依然伴在新買各式電子產品旁，用一個世代的鄉愁提醒她這個文化中特有的廚房味兒。

正是那些味兒，那些盤繞在腦中不時要調整次序的製作，那些或揚身或擔重地舉手、投足、轉身、滑步、旋轉，她用身體，將具體歷史文化情境的皺褶給縫進家裡廚房，讓家因此有了既獨特又熟悉的地方感，不論摻進了多少市場與國家的擺布。她的身體也從未間斷地飄著家的思緒與味道，不論她在公車上，在講堂裡，在百貨公司，在電腦前打著報表，在會議中正式簡報，家，從不曾在她的眼梢和手指間滑脫。

本文作者為台灣大學城鄉所博士生

挑戰極限的房子——16坪變成無限大
一個夢想之家的案例

文—傅凌　　圖片提供—林志明

　　房屋是建築出來的。所以一定和應用的科學與技術有關。因此從相當程度上，我們對房屋演化的注意焦點，可能都放在科技上。房子何時以及如何建到外太空的星球上，如何植入海底，都是對未來房屋的一種等待。

　　可是房屋也是想像出來的。除了受到建材與應用科技的制約之外，還有很大一個部分是和人的「想像」有關。室內設計與裝潢，是這種「想像」的一個代表。爲什麼同樣的一個空間，可以因不同的人而有不同的設計結果與感覺，「想像」的作用是大過於科技的。

　　對於未來房屋的期待，也可以如是觀。一方面我們固然可以把其中主要的變數放在建材與建造科技（以及其相對應的預算上），另外一方面，更重要的，還是可能先從不要限制自己的「想像」出發。

　　留學日本的建築師林志明，曾經在地價與房價都遠超過台北的東京，建造過一棟造價只相當於區區新台幣三百多萬元的「透天厝」。可以看作是一個個案研究。

　　1996年，林志明在東京遇上了一對從事廣告創作的夫婦，接下了一項極具挑戰性的工作。這對夫婦想要在寸土寸金的東京擁有一棟完全屬於自己的房子。他們花

光了所有積蓄，用六千萬日元（接近於二千萬新台幣），在東京的郊區買了一塊20坪的土地。然後，想利用剩下來僅有一千萬日元（約三百多萬新台幣）的預算，蓋一棟房子。當然，他們對這棟房子的期待，不可能是鐵皮屋。

　　在20坪的土地上，如何利用實際16坪的建地，在一千萬日元的限制下，建造一棟不但能滿足基本生活機能，還別有格調的房子，成了一個不可能的挑戰。但是林志明看著這對別人眼中的「笨夫妻」，決定「就當作一個極具挑戰性的課題吧！」於是懷著幫忙圓夢的心

01：房子的模型
02：房子共有三層，一樓騰空作為車庫，還有一個地下室（主人臥房）和一個頂樓陽台，體現了與柯比意的空中庭園、橫向長窗、自由平面、自由立面、底層以獨立支柱將二樓騰空的類似建築概念。
03：一般房子採用的是傳統的樑柱結構，可是林志明採用了30公分厚的剪力牆結構來取代，支撐起整棟房子。牆壁的表面是平的，並沒有凸出來的柱子，就不會浪費這個小小的16坪房子的空間。
04：一層變成兩層來！在沒有足夠金錢用混凝土蓋三樓地板的情況下，為了增加可使用的空間，林志明採用了便宜的建材（夾層木）在二樓加蓋了一個「樓中樓」，搖身一變便多了一個樓層，為屋主的女兒建立了一個私密的臥室。

| 01 | 02 | 03 | 04 |

理，去打造一個有限變無限的家。

　　從林志明的這個案例中，我們會發現，打造一個夢想之家，大約有以下元素的結合。

　　首先，是「想像」不受限制。不受區區一千萬日元預算的限制。

　　第二，清楚的價值觀。屋主不用總預算七千萬日元去買公寓式的住宅，而要買一塊20坪的土地來建造16坪的房子。這裡面有屋主希望堅持的清楚的價值觀。因此不但要能以一千萬日元預算來建好房子，還要體現屋主的這種價值觀。

　　第三，Life Style的選擇與主張。Life Style不是獨立存在的，而是和屋主的價值觀相結合的。因此在價值觀下還要呼應出屋主的Life Style。

　　第四，社會上共同建築文化的配合。在這個案例中，林志明在只有一千萬日元的預算下，能變的戲法主要有兩個。一個是盡量尋找、使用最能節省預算的建材；一個則是不要受完工時間的限制。而這不但需要林志明個人願意接受挑戰，還得有工務店（營造廠）願意配合。在有限的預算下，林志明和工務店雖然接下了這個案子，但是告訴屋主，他們沒法把它當作「第一優先」

05,06：由於沒有多餘的錢花在內部裝修上，如何讓平平無奇的牆壁平添生氣？林志明想出了一個簡單的方法，就是用一種特殊模版來灌混凝土，灌完拆掉後便形成了許多的木紋，牆壁這樣就生出了「表情」；而地下室由於需要防水，因此在牆壁上塗抹了一些防水材料造成波紋的視覺效果，讓不同空間呈現了不一樣的面貌。

07：玄關處為什麼會那麼亮？不是燈光的效果，這個省電的設計就是先把牆打了一個洞，然後在屋外加一塊強化玻璃，白天就可以借來外面的陽光讓玄關亮起來。

08,09：二樓的落地玻璃讓整個空間看起來寬敞得多，白天把窗簾拉起做個完全採光，晚上拉下來，既開放又隱密。

Open House就是採取開放式的生活空間，像二樓就是屬於Dining Living的格局——廚房、客廳、飯廳「三」合為一。新屋落成的慶功Party就在二樓舉行。

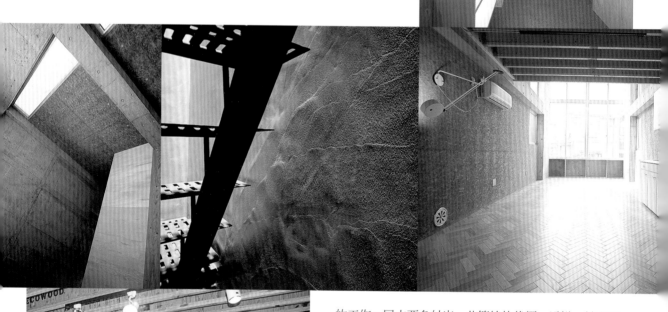

的工作，屋主要多付出一些等待的代價。這樣，林志明和工務店就盡量利用主要案件的剩餘時間，來建造這棟「夢想之家」。最後，這棟房子花了八個月時間完成。屋主願意等待是自然的，但是在忙碌的工作中，設計者和建商都願意拉長工作時間來進行這個工作，和那個社會的建築文化有關。而文化，是和科技與經費預算沒有直接關聯的。

　　未來的夢想之家，還是得從想像、價值觀、Life Style、社會文化上著手。　■

Interview 林志明

未來的house應該是什麼樣子？跟現在有什麼不同？

現代建築之父柯比意在二十世紀初的時候提出，二十世紀開始的建築會有一個新的突破。他提出新建築的五個要素：一、空中庭園，二、橫向連續長窗，三、自由平面（即格局），四、自由立面，五、列柱，底層以獨立支柱將二樓騰空，將主要活動空間放在二樓。目前的建築仍然延續著這些概念。

以前的人是你給他一個家，也會配合房子的型態去過生活。未來的趨勢是人們會把自己的Life style放在這個house裡面，你會因為enjoy這個Life style，然後去營造這個house。當然也會注重機能性，但是現在機能性可能就不是那麼重要。以前一定要有個臥室、客廳、餐廳，可是現在的人買了這樣一個房子之後可能把它全部打掉，只有一個臥室，其他全部都是共通的，客廳很小、房間很大，都可以。或者以前床一定要擺在臥室裡面，可是現在不一定，可能就放在客廳。

以前沒有所謂的Dining Living，現在才有。起居室和廚房的空間是合在一起的。因為寸土寸金，小家庭假如只有二十幾坪，頂多只能隔成兩房一廳一衛，一廳就類似西方的Dining Living。

這就是從柯比意所講的「自由的平面」引申而來，也就是隔間變得更自由。現在屋主跟設計師溝通的是「我想要怎麼過日子」，而不再只是「我想要多大的房間」，你的Life Style就會反映到你的家上面。

未來的室內設計和建築外形，是否有什麼新的潮流？

現在最流行的是極簡風或風禪。我覺得未來可能有二種極端：一種是極重機能性，就是所有的裝飾都不要了，故意要讓機能性很清楚，很工業化的風格。另一種則強調裝飾性，像以前的宮廷式，有很豪華的水晶吊燈，現在所謂的豪宅有大半是後者。

還有風水。現在在日本和西方也開始重視風水，它確實有科學根據。在風水上說臥室不能正對著浴室，實際上，把臥室和浴室擺在一起，濕氣就很重，身體就容易生病。但風水也要依據地理環境不同而因地制宜，像在高山上的氣候和平原上不同，規則可能就要稍作調整，可是大原則不會變。

把家電結合在建築設計上，也是未來趨勢，一進門用聲控開燈，現在可能已經有了，幾十年後這些設備可能變得很便宜。另外，將大自然更融入在房子之中，也是一個重點。

科技會更進步，建材上也有更多突破，以前柱子要那麼粗才有足夠支撐力，現在柱子可以很細。未來房子的型態有無限的可能性，也許甚至能夠顛覆結構力學的概念，讓房子漂浮在空中，或者在海上，形狀像水母一樣。

未來社會型態的改變，會如何影響房子的設計？

最近日本森集團蓋了一個「六本木之丘」，他們的社長提出一個很有趣的概念，認為現代人最不應該花時間的地方就是交通。你每天花一兩個小時通勤，就對你的家庭造成很大的影響。通勤時間越長，和家庭就越疏離。所以，家最好蓋在「交通點」上。六本木之丘就像蓋在捷運站上面的一棟六十層大樓，底層是商場，上面都是apartment。假如你的工作職場就在你家樓下，就不必花交通時間。將這個觀念發展到極致，就是Soho族的概念，將工作室和家結合在一起。

目前台灣房子的設計有哪些常見問題？

台灣人對空間機能的需求比較死板，一定要這裡一個客廳，那裡一個臥室……，室內空間變成只是把幾個box合併在一起。但其實我們可以把它全部打散，配合半開放式的彈性隔間，讓空間變得很靈活。

台灣房子的特色就是沒特色，建設公司推出一個案子只要好賣，接下來五年每個公司就都這麼蓋。另外，台灣人對家的美感比較沒那麼在乎，機能性滿足最重要。例如鐵窗。你很難兼顧安全和美觀，雖然現在已有改善的趨勢，是不是有可能不裝鐵窗，用落地窗，寧願多花點錢去裝保全系統？這就要看價值觀是否會改變。

其實空間的規畫也沒有所謂的錯誤。假如一進門就是浴室，才來到客廳，是很奇怪，但若主人就喜歡這樣，那就沒有錯。也可能會是一個突破傳統的手法！（蔡佳珊、冼鼎穎）

居住是基本人權

文—吳欣隆

約莫十年前，我高中的死黨因為準備要進入人生的另一個階段——計畫生小孩——而決定買房子，他問參與「無殼蝸牛」運動的我有什麼建議。鑑於台灣的高房價與高空屋率，以及因參與運動而對住宅市場與政策的認識，我先嘲諷了一下他這種為了莫名的安定而決定購屋的愚笨決定，然後建議他不妨再等等。但他一來符合政府購屋優惠貸款的資格，二來他們的房東想賣掉房子，三來為了「安定感」，有自己的房子才安定。討論之後，他告訴我：「我也知道房價高，但從1989年到現在，房子一窩蜂地蓋，也看不到房價跌，再說，我們不是為了投資，而是要自己住，時間不等人，算了。」

最後，以他們當時的財力，夫婦雙薪不過一個月七萬元上下的收入，只能在親戚家人合力下，在汐止買了一間二十來坪的房子。他們夫婦開始了一段艱苦的奮鬥，上下班的通勤時間很長，工作太操、老闆太苛只能忍氣吞聲（身後可有二十年的房貸等他），放假不敢出國旅遊，上館子打牙祭根本就不敢奢求，更別提終身學習的自我投資了。當然，一切都是為了他們自己的家。

「住者有其屋」的迷思

匆匆十年過去，由於台灣經濟轉型與中國大陸的崛起，他因為家庭緣故不願意到大陸上班，終於，在日前被資遣了。汐止房價這幾年由於天災人禍而下跌，台灣房地產的大環境則因為經濟轉型的困難，一度低迷，再加上人才與資金大量外移到中國布局，造成房地產市場真實的內傷。他們現在的房價不及剛買時的一半，如今遭逢變局，就算賣了房子，還銀行貸款都不夠。死黨的遭遇，我絲毫沒有未卜先知的愉悅，反而是心疼，以及無能為力的苦澀。

這種因為購屋而變成有殼貧戶的例子，在台灣並不罕見。難道輕鬆地將原因歸咎於他們不善理財、運氣不好就行了嗎？當然不是，不然怎麼會剛好有那麼多不善理財、運氣不佳的人呢？還是說他們是自作自受，誰叫他們要買房子呢？誰說安定要靠買房子呢？當然也不是，試想每年漲租、每年要跟房東談判的辛苦歷程（因為沒有資訊可參考）；好一點的房子經常因為房東要賣而必須搬家；差一點的屋頂違建或年久失修，老房子又安全堪慮，如果房東還是個怪叔叔……。總之，所有經歷過的人，應該都可以理解在台灣「安定」跟「買房子」的確有點關係。難道這是所有經歷過台灣房地產高峰的人的悲慘宿命嗎？當然更不是，因為這裡面充斥著政策干預的斧鑿痕跡。

不論政黨輪替前後，政府都將大部分的住宅資源(97％)放在協助購屋的優惠貸款與國宅興建上，而這兩項優惠並沒有明顯的排富條款[1]。政府的說法是要幫助人民「住者有其屋」，因為資源有限，只能盡力去作，這也的確造就了台灣房屋自有率[2]高居世界第一的成績，但亮麗的成績卻是由高房價[3]、低環境品質[4]與高空屋率[5]三者共同支撐！

其實要人民安居樂業不一定只有協助購屋這個辦法，歐美各國的租屋率至少40％，都會區高達50％以上，而且協助購屋還是最不符合公平正義的辦法，因為真正需要幫助的人，任憑政府再怎麼補貼貸款利息，也進不了住宅市場。主要的原因在於住宅這個商品的特色就是昂貴，即使沒有炒作。根據統計，台灣有近1/4的家戶，如果勉強買了

房了，每月的可支配所得中，將有一半以上必須花在房貸上，造成生活困難。鼓勵他們進入住宅市場，根本就是愛之反而害之的舉動。政府透過政策補貼，長期鼓勵人民進場購屋，與其說是爲了幫助人民安居，不如說是爲了鞏固高房價[6]，高房價的背後，當然是財團的利益，台灣的重要企業靠房地產起家的，不知凡幾。再搭配上台灣沒有空屋稅，低的地價稅，使得持有空屋的成本很低，目前又宣布土地增值稅將永久減半，無非是爲了降低買賣的成本，更重要的是，這些政策的主要受益者，都不是一般的市井小民或受薪家庭！這些政策在在強化了住宅作爲投資與炒作之標的功能，於是高房價加上低持有成本，使得屋主寧願空屋養蚊子，也不願意出售或出租。

爭取基本居住權

於是一方面台灣的高房價得到鞏固，另一方面取得住宅服務的替代性管道——租屋市場，出租房屋短缺，資訊混亂，房東房客都沒有保障，不是得靠運氣，就是要練就一身爾虞我詐的本領，承租人不容易找到適當的房子，好不容易租到滿意的房子，經常也只是房東等待出售的空窗期。再加上台灣經濟結構的特性，全台灣約44%的人口集中在北台灣，龐大的租屋需求，大部分只能依靠屋頂違建、地處偏遠的老舊公寓，或學校旁的鴿子籠來滿足，不是居住品質不佳，就是經常有搬家之苦，再加上政府政策補貼的引誘，無怪乎想要安定或是準備進入人生下一個階段的人，就只能硬著頭皮進場購屋。

這就是我的死黨與一般市井小民，不得不變成高房價的最後一隻老鼠的理由，也是政府長年宣稱住者有其屋「德政」的真實結果。

除了協助購屋之外，要落實住宅人權更公平、更好的辦法，不外乎要求政府導引建築商釋出百萬空餘屋；成立「租屋補貼基金」協助老人、單親、低收入戶等弱勢群體；健全租屋市場；節制開發落實成長管理等等，但這些想法即使不是書生之見，也無助於我的死黨與其他有殼貧戶的燃眉之急。不過至少我們已經知道變成「有殼貧戶」不是自己運氣不好，不是自作自受，「住者有其屋」不過是誘使人民邁向有殼貧戶之路的美麗謊言，而非住宅人權的落實；至少我們知道要繼續要求「居住的基本人權」！■

本文作者爲財團法人崔媽媽基金會住宅政策顧問

---

1 購買國宅的門檻爲年收入114萬元新台幣以下的家戶，也就是月收入將近10萬元，怎麼說都不能算窮。至於優惠貸款則視種類而定。

政府住宅資源剩餘的3%才是用來補貼低收入戶的住宅需求，而台灣的低收入戶認定標準爲收入最後的0.5%，歐美各國則是收入最後的10%。

2 根據內政部營建署的資料，台灣住宅自有率自1966年的66.2%，到2000年的82.5%，不過近二十年來（1980年到2000年），自有率僅增加3%，歐美各國平均是65%。

3 1989年的房價台北市平均每戶住宅價格上漲到家庭年平均收入的七倍，但民眾所得並無明顯提高，歐美各國則爲家庭年平均收入的三倍。

近年來因爲台灣經濟不景氣，資金與人才外移，內需不足，平均房價下滑，但一般受薪家庭的平均收入也下滑，而且在經濟表現優異的北台灣，房價仍高。

4 低環境品質表現在山坡地的濫墾濫建與大規模變更與開發，不下雨缺水，下大雨又淹水，土石流成災，以及違建林立。

5 高空屋率代表的是住宅資源的嚴重扭曲。根據「財團法人台灣不動產資訊中心」的研究顯示，台灣目前的空餘屋超過一百三十萬戶。

6 行政院營建署在1999年2月首次草擬的整體住宅政策，乃是放在「強化經濟體質方案」中。

PART 2

窩

賀新麗攝影

窩的聯想

人之所以有窩

文—傅凌

有的窩，是為了一盞燈而形成的。

你走在路上，轉頭看見了店裡那麼多眼花撩亂的燈具，

以及在一個角落的那盞燈。

你想像那盞燈的光暈，帶回去。

你因為那盞燈的光暈，而改變了屋子裡的擺設，色彩。

甚至，你搬出了原來的屋子。

為那一盞燈終於布置了一個適合的環境，與氛圍。

於是，你有了一個窩。

有的窩，是因為一面窗而出現的。

是的，你走進了那個房子，看到一面清淨的窗。

你知道那面窗足以讓你守在前面發呆，

不再想把自己做任何移動。

或許是另一種可能。

那面窗沒有那麼大，也沒有那麼清淨，你要到住了三年

又五個月之後，有一天走到一個角落，從那個斜度望出

那個不那麼大也不那麼清淨的窗子，瞄到了一塊風景。

你搬了張椅子擠到那個角度坐下，心中倒也踏實。

這裡也就是你的窩了。

蔡志揚攝影

賀新麗攝影

也可能是那張椅子吧。
那張花色布面，木製把手
邊緣已經磨損的椅子。
你總要把自己陷進去，
讓腰背感受到那個程度的倚靠，
才知道這張小小的尺寸，才是天涯海角。

也許，是在椅子對面遠遠的那隻貓。
那隻黑貓不會繞著你打轉，也不會在近處徘徊，
最多只在夜半感受到牠在腳下剛好趾尖輕觸到的地方。
你動一下，牠又走了。
但是等你出國回來，鑰匙打開屋門，
會看到暗處那雙亮亮的眼睛，
還有你為牠準備了三天但是一動都沒有動過的食物。

當然，更可能，是一個女人。
她的鼻子微微地翹著一個角度，皮膚有奶油的光澤。
她愛看漫畫，愛吃零食，不愛上網。
每天你回去的時候，都會看到她從蜷縮的被窩裡跳起來，
蹦過一地散亂的書報，一下子把你抱住。
你是她的全部。你不能不回去。

也可能是另一個女人。

她在公司會議桌上斜身去拿一枝筆的時候，

半遮在長髮裡的眼睛在你臉上多逗留了千分之一秒。

於是你開始等待。

等待哪一天會不會有什麼多過千分之一秒的事情在你們

之間發生。

她是你的全部。

你不能不有一個地方來進行等待，以及等待中的休息。

她不應該來你這裡的。

只那一次。

因為氣味是不會消失的。身體的餘溫更不會。

你被困住了。

這裡是你永恆無法出脫的留戀之地。

也許，你的窩和這些無關。

你只是需要一個隔離的空間。

你不需要窗，不需要貓，不需要椅子，不需要一切。

你只要一個十平方公尺的屋子。

一張單人床墊。

床墊上方一個六十燭光的電燈泡。

燈關掉的時候，那裡沒有絲毫的光源。

你可以在絕對的黑暗中，聆聽自己被背叛的傷口，

如何逐漸腫脹。

如何慢慢撕裂。

撕裂中有微小的聲音。

蔡志揚攝影

賀新麗攝影

也許，你很幸運，不必治療傷痛。

你需要一個窩，因為你需要想像與準備未來的興奮。

你不需要一定要或一定不要的條件，

但是要有足夠一些聲音活動的空間。

因為你總需要很強烈的音樂，

還可以不時放聲高喊。

當然，你的窩裡最多的可能不是聲音，而是文字。

你在小學三年級擁有的第一本書。

你在東京、紐約、倫敦舊書店裡蒐集的書籍──詩集、畫集，

堆出來的才是你的窩。

你搬不動，帶不走。唯一可以做的，

就是不論奔波到世界的哪個角落，

都要為這些書而回到它們所在的原點。

書也許早被你丟到不知哪裡去了。

你要回到你的窩，只是因為你有一台白色的，小巧的 iBook。

在那光潔的鍵盤上，你可以打下一些你的主張與觀點──

有的窩，是不想有一個窩而有的。

有的窩，是為了有一個窩而有的。

有的窩，是在你不知不覺中形成的。

有的窩，是因為好奇而有的。

有的窩，是刻意追求多年的。

有的窩，是你多年計畫而得來的。

有的窩，是你搜尋多年而未得的。

有的窩，是只能跟別人借來的。

有的窩，是讓你溫暖的。

有的窩，是讓你休息的。

有的窩，是讓你祕密的。

有的窩，是下一個窩的過渡站。

有的窩，是讓你永遠蜷縮在裡面的。

有的窩，是真實但虛擬的。

有的窩，是虛擬但真實的。

賀新麗攝影

依附關係

人藉著和外界建立、界定各種關係，來為自己定位。

人在「家」裡發展、形成的各種關係，是他／她生命中各種關係的根源。

中文的「家」和英文的family 與home相對應。family是人與人關係的原型，而home是人對物依附、寄情的原鄉。

人和物之間深切卻無形的「依附」，是構成home這個空間的要素。

心理學解釋所謂的「依附」（Attachment）學說是： 個人能否自襁褓時期起和照顧者建立穩定的「依附」關係，攸關他日後人際關係等相關心理層面的穩固程度。除了人與人的「依附」，人與物的「依附」，讓物不只有事務性的功能，還透過賦予各種意涵的過程中，標記過往的成就、建立記憶、結合生命經驗、寄託情感，從而產生強大的力量。

有人以為胎兒在子宮著床的一刻，便是依附關係建立的伊始。雖然我們無法得知嬰兒的記憶與感官世界何時開始運作，但每個人都記得嬰兒顫顫巍巍開始向外界探索之時，反而變得怕生又黏人，不僅僅黏著媽媽／主要照顧者，出門稍久就開始不安，「吵著要回『家』喔？」媽媽總是這麼哄著他／她。

孩子回到的是一個由哪些元素建構起來的「家」呢？空間裡有搖籃（物體），有暖暖的棉被和布娃娃（溫度），有柔柔的燈光（光線），有唱著歌的旋轉木馬音樂盒（陳設與聲響），還有媽媽（人）的奶香（味道）。

所以，孩子衣服斑駁的布娃娃、帶著味道的小毛毯、工程師爸爸的第一台電腦、媽媽少女時代的芭蕾舞鞋、奶奶的梳妝檯嫁妝……一家人成長階段情感依附的「紀念品」，永遠在搬家的清單上。

社會文化價值也會對家的空間添上時間的象徵與意涵：許多長輩如果每天晨昏不能對堂上列祖列宗上炷香，心裡總不踏實，「感覺不像家」。

這些可丈量的感官經驗，調理成「依附關係」，滋養人類生存的種種需求——生理上免於饑饉，生理心理上的安全感，被愛被需要的感覺，以至於自我實現。

如果建立依附關係的過程被剝奪、扭曲，或是被傷害過，會讓人不知如何是好，或是克制自己不要把太多的感情投入在事物上，以免所受的傷害會更深。像一個童年遷徙不斷的友人，是這麼看待他生存的空間：「東西丟了只是造成不便，不會傷心難過……有些事情要看得淡，不要那麼執著。就像這個房間，我不能把它當作自己的窩，因為搞不好一年後我就走了，所以不能花很多錢去布置它，付出太多感情……。」

但在更迭不斷的世界裡，消費主義推波助瀾地鼓勵各種消費行為，「打造一個屬於自己的家」，永遠是動人的廣告詞。但如何把過往經驗中人與「家」之間深情的「依附」注入作為肥厚的土壤，恐怕才是其中的精髓吧。　■

（吳佳璇，台大醫院精神科醫生）

蔡心揚攝影

林日山攝影

家的連結
遊子不可缺的隨身物

採訪整理—編輯部　攝影—蔡志揚

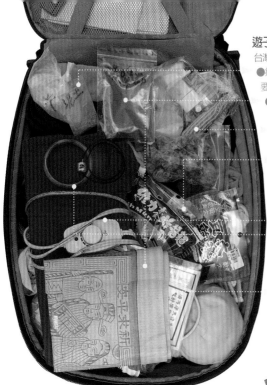

遊子行李箱 李金鈴・準備出國的遊子
台灣──英國倫敦（6,070哩）

●鄉土代表──台灣的水和泥土。媽媽要我到了當地，將此水加入當地的飲用水中喝，還要把泥土灑在我住的地方，她相信這些象徵性的動作可以幫助我適應當地環境。

●驅邪法寶──家裡佛堂慣用的檀香和媽媽買回來的平安紙錢。媽媽吩咐說找到了居住的地方後就在裡面燃點一些檀香來辟邪。

●見面禮──我媽媽做的中國結鑰匙圈。準備帶去送給幫助我的外國人或是同實驗室的研究者當作禮物。

●家鄉的味道──媽媽幫我準備的鄉土食物：客家胡椒粉、糖漬金桔、大溪豆乾。我們家喝湯一定要加胡椒粉，所以帶些胡椒粉去可以讓我吃起英國的食物來比較有台灣味道。金桔則是因為媽媽怕我在寒冷的英國會感冒，用來泡熱水喝，或是煮薑湯放進去，都有助於讓感冒痊癒。

●溫暖牌──南方人到寒冷的北國不可缺少的電毯一張。

●愛的信物──玉鐲子是我男友的母親送的，而金項鍊則是我男友送我的。我跟男友在一起將近十年，老夫老妻的感情下很少會在情人節送禮物。但是今年情人節他突然送我這項鍊，我真的很感動！所以決定帶著它一起出國。希望兩年後回來，他的心仍然屬於我！

●見字如見人──我媽媽很喜歡書法，所以她特別把幾張上書法課時做的功課送給我，可以拿來當書籤用，看到它就好像看到媽媽一樣。

貓咪的毛 蔡晏霖・剛逃過海嘯的人類學研究生
台灣──印尼（2,110哩）

這是我家貓咪的毛。我要出國唸書之前，妹妹從替牠梳毛的梳子上頭採集下來的，還在盒子上貼了牠的照片。從小我和妹妹一直很想養貓，但媽媽要我們都考上大學才准養。十年前妹妹大學放榜的那一天，我在學校活動中心的門口撿到這隻貓，那時候牠才剛出生不久，可憐兮兮，不停地咪咪叫。我趕緊通知妹妹過來，她抱著貓看著電視榜單出現了自己的名字。所以這隻貓還是隻幸運貓。

在國外想家的時候，就會拿出貓毛來，聞一聞，貓咪暖烘烘的味道還在上面，從前牠鑽進我被子裡睡覺的情景，以及和家人相處的時光就一一浮現了。雖然我一年才回家一次，但是咪咪看到我還是立刻認得。我寫明信片回家，有時也特別寫一張給牠：「蔡咪咪收」。

家書與平安符 黃俊隆・在出版路途不斷飛上天空摘星的出版逐夢者
員林──台北（2小時40分，自強號火車）

這封信是我爸爸從老家員林寄給我的，除了一封家書外，他還寄來了兩樣東西：一張機車保險貼紙和一道幫我從廟裡求回來的平安符。四年前我搬到台北，爸爸就每年幫我補領新的保險貼紙然後寄給我。這信寄來的時候我正在創業，處於人生的過渡期，對我的意義就特別大。剛開始創業時，父母其實不太贊成的，但經過我爭取後，終於得到他們的支持。爸爸來信就是問我的生意做得怎麼樣，只有三言兩語卻代表了父親對遠方兒子的叮嚀、祝福與關愛。既然他決定放手讓我去闖，他所能做到的就是幫我處理好家裡的事以及祈求我健康平安，當然也期望我可以有一番作為。得到父母的祝福，我可以無顧慮地往前衝，所以這封信也意味著自己人生的另一個起點。

小被子 小卡的愛人・小被會召集人 高雄──台北（50分鐘，飛機）

我都叫它小被。小時候，爸媽常不在家，剩我一個人，我就會抱著這條小薄被子走來走去。睡覺的時候，我也一定要擁有它才能入睡。我很怕小被拿去洗，怕熟悉的感覺被洗掉。小被不是用來蓋在身上的，它始終維持一種團狀的形態，像一個扁掉的籃球，便於擁抱。十歲的時候有次坐火車，整個背包都掉了，只有這小被還在，因為我總是把它抱在身上。小被從家裡帶出來，注定今後一直跟著我。它有味道，一種令人放心的味道；它有溫度，這溫度是我給它的，然後它又回過頭來，給了我溫暖。無論離家去哪裡，小被都是最重要的慰藉。

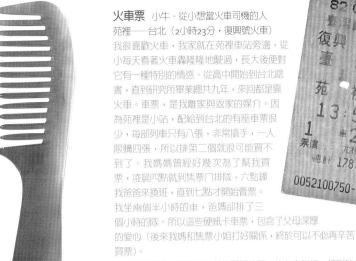

梳子　李玫欣・幸福的女兒
台灣──美國（15小時，飛機）
我爸是個很細心的人，家裡女人的很多東西，都是他買的，包括梳子。我記得這類型的梳子，是他因公去美國時帶回來的。漸漸地，我和我媽，就很習慣地用這種直排梳子了。後來我去美國唸書，行李箱裝著的也是這種梳子。現在我嫁了人，有了自己的家庭。我發現，家裡的擺設、煮飯的習慣，都和原來的那個家不同，人畢竟是會隨著與外界的接觸及成長而轉變的。而唯一沒有改變的，就是這把梳子。我仍然用著它，也拿來梳女兒的頭髮。我想，這把梳子，某種程度正代表了一個離家女兒對父親的依戀吧！

火車票　小牛・從小想當火車司機的人
苑裡──台北（2小時23分，復興號火車）
我很喜歡火車，我家就在苑裡車站旁邊，從小每天看著火車轟隆隆地駛過，長大後便對它有一種特別的情感。從高中開始到台北唸書，直到研究所畢業總共九年，來回都是靠火車。車票，是我離家與返家的媒介。因為苑裡是小站，配給到台北的有座車票很少，每部列車只有八張，非常搶手，一人限購四張，所以排第二個就很可能買不到了。我媽媽曾經好幾次為了幫我買票，凌晨四點多到售票門排隊，六點鐘我爸爸來換班，直到七點才開始賣票。我坐兩個半小時的車，爸媽卻排了三個小時的隊。所以這些硬紙卡車票，包含了父母深厚的愛心（後來我媽和售票小姐打好關係，終於可以不必再辛苦買票）。
在台北唸書時，總在三天前先買預售票，放在皮包裡，想到就拿出來看看，數著再過幾天就可以回家。皮包裡藏著車票的日子，心情總是特別開心。

手機　許凱均・喜歡吃雞排的五年級生
台南──台北（4小時，客運）
「什麼東西是離家時會帶著的，藉以和家產生連結？」這問題之前有被問過，我想不出來。因為有了手機後，撥幾個按鈕，你就和家裡的人聯絡上了，好像並沒有離開家一樣。

音樂盒　Alice・一個遊走於中港台三地的獵頭族
香港──台北（483哩）──上海（423哩）
音樂盒是姊姊在我唸小學的時候送給我的生日禮物，那是第一份，甚至是直到現在唯一一她有目的送給我的禮物，對當時還是小學生的我來說，那是一件十分貴重的東西，並不是自己可以買到或朋友可以送我的。前幾年我離開香港跟一個台灣人結婚，婚後又到了上海工作。在香港的時候我是跟父母一起住

的，二十多年來那個音樂盒一直放在臥房裡，我是故意不把它帶走的。每次我回香港的家都要把它找出來看一下、摸一下，就是這個音樂盒讓我每次回香港的家、再次睡在這個房間時有一種很舒服、實在的感覺。因為有它的存在，這房間沒有變成一個人去樓空的雜物房，而是充滿回憶、一個屬於我的地方，代表我仍是這個家的一分子。

紅包袋　Miss CoCo・萬人迷
台中──台北（2小時34分，莒光號火車）
國中的時候，我們老師因家裡失竊掉了一個紅包袋而淚流滿面，不過是個紅包嘛。原來，那是他父親生前給他的最後一個紅包，意義非凡。紅包是親人的祝福。從此，我也開始收藏紅包袋，離開家鄉到台南唸書時，也把它帶在身上。這些紅包越精越多，跟著我出國，也跟著我離家到台北工作。曾有一個紅包放身上壓歲，但洗衣服時忘了拿出來，那破損的紅包袋曬乾後，我依然珍藏著。我有時會把它們都拿出來看看，誰給的、何時給的我都會註明，而裡面的錢我都盡量不去動它。有時會數一數，那好像是一種很特別的財富。今年給我紅包的親人，不知道明年是否都還收得到，所以，每個紅包都會好好留著。

12張椅子

在窩裡擺張適合你個性的椅子吧！

文／Davis

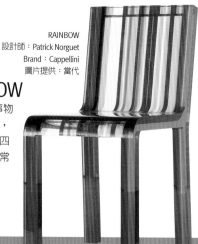

RAINBOW
設計師：Patrick Norguet
Brand：Cappellini
圖片提供：當代

牡羊座：RAINBOW

不按牌理出牌，總需要新鮮事物來聚集注意力或者刺激行動力，卻又如兒童渴望的糖果般熱力四射。坐在彩虹椅上的你，將時常擁有雀躍的心情。

LOUNGE CHAIR
Brand：Fendi
圖片提供：御邸

金牛座：LOUNGE CHAIR

渴望權力與地位的金牛座，或許會需要一張展示身分的國王級座椅。Fendi超級奢華的柔軟毛皮座椅，加上皮草抱枕，或許適合！

雙子座：PASTILLE

如果你是好動的雙子座，不論是打電話還是電動，這張椅子可以讓你擁有最大幅度的動盪，卻仍然保有回到中點的平衡。

PASTILLE
設計師：Eero Aarnio
Brand：Asko
圖片提供：麥浩斯資訊
攝影：Alain Quinault

TOGO
設計師：Michael Ducaroy
Brand：ligne roset
圖片提供：赫奇實業

巨蟹座：TOGO

講究安全感與居家溫暖的巨蟹座，一張有蠶寶寶般的縐摺，將你舒適包裹的沙發，讓人獨處也不感覺孤單！

獅子座：BIG EASY RED

那不顧一切的燃燒，像太陽一般的光和熱，需要的是自我力量的彰顯，因此熱情的紅心，魅力四射，沒有比它更適合獅子座了。

BIG EASY RED
設計師：Ron Arad
Brand：MOROSO
圖片提供：當代

天秤座：PANTON

在紛亂中也保持優雅的舉止，總要讓人第一眼就鍾情於己，絕不妥協的原則，極具美感的彎曲，永遠的理性平衡。

PANTON
設計師：Verner Panton
Brand：VITRA
圖片提供：穎坊

處女座：MM

上好的馬鞍皮，內斂優雅的材質，卻像是木乃伊一樣緊緊纏繞，繃緊再綑綁，不輕易示人，充滿處女座特有的秩序與誘惑。

MM
設計師：Jean Nouvel
Brand：Matteograssi
圖片提供：晴山

MOON
設計師：Pietro Arosio
Brand：TACCHINI
圖片提供：紐約家具

射手座：BLOW

活潑好動一如天真又充滿好奇的孩童，總不願停留在一個地方太久，前進是生命的動力，輕盈的材質，悅人的小熊，給予射手座的你童心未泯的歡樂。

天蠍座：MOON

可以旋轉的椅子，從不同的角度看，就像月亮擁有陰晴圓缺，令人捉摸不定，就像是予人神祕感，永遠猜不透的天蠍座般優雅迷人。

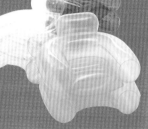

BLOW
設計師：De Pas D'Urbino Lomazzi
Brand：Zanotta
圖片提供：卡希納家飾

水瓶座：BOHEME

適合水瓶座，不只是因為它長得像瓶子，事實上不帶任何偏見，容許光線穿透的理性，如玻璃一樣清澈的質地，也象徵著水瓶座真誠反映事物本質的光澤。

BOHEME
設計師：Philippe Starck
Brand：KARTELL
圖片提供：德亞國際

魔羯座：EGG

躺在一張名為「蛋」的椅子，看不到兩側的人，聽不見周圍的噪音，世界安靜了下來，執著的沉浸在獨我的世界中，有如魔羯座對於自我理想的堅持。

EGG
設計師：Arne Jacobsen
Brand：VITRA
圖片提供：穎坊

雙魚座：LOVESEAT

旋轉的情人椅，雙人份的幸福，給予浪漫的雙魚座，如戀愛中人般世界繞著我倆旋轉的暈眩。

LOVESEAT
設計師：Vladimir Kagan
Brand：KAGAN
圖片提供：御邸

本文作者為文字工作者

文學裡的窩

一方宇宙，有我，把天地當作自己的窩來看待。

文─莊琬華

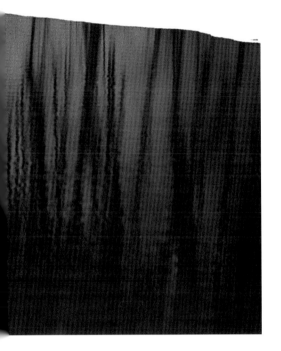

莊子主張「天地與我並生，而萬物與我為一」。這是把天地與自己合一的境界。窩的存在與作用，已經化為無形。

到了《世說新語》，竹林七賢之一的劉伶「恆縱酒放達，或脫衣裸形在屋中。人見譏之，伶曰：『我以天地為棟宇，屋室為褌衣，諸君何為入我褌中！』」雖然狂放不羈，但是已經落了一個層次，把天地當作自己的窩來看待了。

勝事空自知

陶淵明，中年之後選擇在南山下過著耕鋤生活，即便「晨興理荒穢，帶月荷鋤歸」仍使草盛豆苗稀的辛苦，也無礙其自在。他寫的田園詩作數十篇，讓人體會到在真實世界裡，一個人可以如何不受境遇的影響，自在而瀟灑地與自己的窩相處。「結廬在人境，而無車馬喧。問君何能爾？心遠地自偏。採菊東籬下，悠然見南山。山氣日夕佳，飛鳥相與還。此中有真意，欲辯已忘言。」(〈飲酒〉)更是千古絕唱。

王維，晚年亦選擇隱居田園林野的生活，一派悠閒，白日裡獨遊南山，「行到水窮處，坐看雲起時；偶然值林叟，談笑無還期」(〈終南別業〉)，夜深之刻「獨坐幽篁裡，彈琴復長嘯，深林人不知，明月來相照」(〈竹里館〉)，把陶淵明的傳統延續、發揮。

顛沛流離的詩人杜甫，住所往往敝破如此：「八月秋高風怒號，卷我屋上三重茅；茅飛渡江灑江郊，高者掛罥長林梢，下者飄轉沉塘坳。」(〈茅屋為秋風所破歌〉)他強烈渴望「安得廣廈千萬間」，期能「大庇天下寒士俱歡顏，風雨不動安如山」，寫出來的是一個動盪時代裡，大家對安居之所的想望。

對於家的思念，不說杜甫，即使李白，就算他能寫盡「舉杯邀明月，對影成三人」的風流，但是一旦觸動鄉愁，則又是另一番情境了。「樓東一株桃，枝葉拂青煙。此樹我所種，別來向三年。桃今與樓齊，我行尚未旋。嬌女字平陽，折花倚桃邊。折花不見我，淚下如流泉。小兒名伯禽，與姊亦齊肩。雙行桃樹下，撫背復誰憐？」(摘自〈寄東魯二稚子〉)李白，當他鄉愁湧起之時，是不同的。

當然我們要感謝李後主。當過皇帝的他，才能讓我們知道什麼才是溫柔窩：「曉妝初過，沉檀輕注些兒個。向人微露丁香顆，一曲清歌，暫引櫻桃破。羅袖裛殘殷色可，杯深旋被香醪涴。繡床斜憑嬌無那，爛嚼紅茸，笑向檀郎唾。」(〈一斛珠〉)而亡國的他，也寫出了天下所有失去窩的人的椎心之痛：「春花秋月何時了，往事知多少。小樓昨夜又東風，故國不堪回首月明中。雕欄玉砌應猶在，只是朱顏改。問君能有幾多愁？恰似一江春水向東流。」(〈虞美人〉)

召喚自然之美

傳說雅典哲學家第歐根尼（Diogenes）的家，就是市場上的一個木桶。當亞歷山大大帝去看望哲學家時，問他需要什麼幫助，他只簡短的回答：「請不要擋住我的陽光。」他甚至不求一方空間，只需要什麼人也給不了的陽光，就能生活得自在，肯定是莊子與劉伶那個系統的人。

西方和東方固然有相通之處，但也有不同之處。《奧德賽》這部西方最早的詩歌，固然是一部流浪之歌，但也是一部家之謳歌。或者，也可以說，《奧德賽》是一部家之謳歌，但也是一部流浪之歌。

我所想要的，我所天天企盼的，

是回返家居，眼見還鄉的時光。倘若

某位神明打算把我砸碎，在酒藍色的大海，

我將憑著心靈的頑實，忍受他的打擊。

我已遭受許多磨難，經受許多艱險，頂著

大海的風浪，面對戰場上的殺砍。讓這次旅程為我再

添一分愁災。（陳中梅譯，上海譯文）

《奧德賽》是西方文化中家與離家的原型。

十八世紀以後，西方因為工業革命的關係，產生兩個影響。一方面是科技文明帶來家居生活的條件的改變，而產生許多新的家與窩的型態，因而文學中也多了許多描繪。但更重要的是，許多人感受到科技文明對自然環境與生活環境的衝擊後，開始了一個背離都市，回歸自然的潮流。這股風潮的代表人，當然非梭羅莫屬。「我們必須學著重新清醒過來，學著保持清醒，但不是用機器的幫助，而是對黎明的無窮希望。」

梭羅描繪出現代人在塵囂中所沒法想像的家居生活：

我不僅跟一些身為花園果園常客的鳥兒為鄰，也跟那些更野、歌聲更迷人、林中歌手的鳥兒為鄰……我發現我的房屋實際就坐落在宇宙中，這樣一處僻靜新鮮潔淨的地方……我所擅自佔用的，就是天地的此一部分。……我不願勞動雙手超過我必須勞動的程度。我的頭是我的雙手和雙足……我的頭是我挖洞的工具，像其他動物用口鼻或前爪一樣，我也用頭採礦，用頭挖穿這些山頭。

在他的記錄中，他呼籲大家「讓我們像大自然一樣地安閒自在地過上一天，不要被雞毛蒜皮的瑣事拖出軌道」。梭羅不但啟動了自然對現代人的召喚，也給沒法動身的人另一種啟發：「無論我坐在那裡，我就能生活在那裡，風景也就從我那裡向四面八方伸展開去。」（《湖濱散記》，志文）

晚於梭羅的十九世紀詩人葉慈（W. B. Yeats），則寫出了另一種鄉愁。他從未去過故鄉愛爾蘭的茵尼斯弗里，但那裡卻有他夢想中的生活，是他靈魂歸屬之地。某日，他在倫敦街頭漫步，看見一座小噴泉，寫下〈The Lake Isle of Innisfree〉一詩。他在心中是如此計畫著：

我要種下九畦豆莢，養一窩蜂來釀蜜，

在蜂聲嗡嗡的林間空地幽居獨處。

於是我有了一些寧靜，那裡寧靜緩緩滴零，

墜自塵靄向蟋蟀唧唧的地方，

那裡子夜是一片燦爛，正午紫光一圍，

傍晚紅雀無數翅膀翻飛。

我將起身前去，因為黑夜白日，

我總是聽見湖水輕舐岸邊的幽音；

我在通衢駐足，或踏著灰色石板路，

我總是聽見水聲響在心的底處。

（《聽見大詩人的聲音》，聯經）

經過一百年後，到了二十世紀最後十年，梭羅的呼喚有了更新的時代版本。英籍作家彼得・梅爾在廣告界任職十五年並有所成就之後，毅然拋開一切，與妻子搬

到法國普羅旺斯山區，寫出了《山居歲月》，為深陷大都會與摩天大樓之中的人開啟另一扇窗戶。在書中他描摹出這樣的人間天堂：

微風穿進牆上的窗洞，竟帶著幾分溫柔。我聽見滴滴答答的水聲，走出屋外，發現季節已經變換，石桌正在滲水，春天降臨了。

美國女詩人芙蘭西絲・梅耶思也很有意思。她從舊金山來到滿布陽光的托斯卡尼，用五年的時間，打造出自己理想中的家園。她所寫的《托斯卡尼艷陽下》，是全球化時代裡的都市人，對理想家園的描繪，以及遷居指導手冊：

科爾托納可以讓我暫時逃離美國瘋狂、暴力、近乎超現實的一面，可以讓我暫時逃離那種日程表排得滿滿的生活。……想要讓巴摩蘇羅修復得煥然一新，只怕得花上一百年的功夫。我正在用醋擦拭二樓的玻璃窗戶，連帶把窗框裡的山丘和天空也一起擦亮了。

等到我們看這本書不但讓作者名利雙收，並且可以拍成一部電影而行銷全世界的時候，我們就知道，我們對一個理想家居生活所能想像的，所能行動的，畢竟和過去是大不相同了。

戲劇裡的家庭生活

英國大情聖休葛蘭在與美國女星珊卓布拉克合作演出的電影《貼身情人》（*Two Weeks Notice*）中，他因苦惱該如何獲得女主角歡心而專心聽年輕司機搞定女友的長篇大論，但一聽到他還與母親同住，馬上就露出「他的建議一點都不可靠」的表情。

從歐美強調「獨立自主」的主流價值觀來看，年輕人被期許的是建立屬於自己的家，即使這個家只有自己一個人，所以，《慾望城市》中的女子，各自擁有一個連情人都無法介入（但可以進入）的家，那是最自我、私密的空間，所有交際活動，都於外在空間進行；熱鬧的《六人行》，則是一群好友兼室友組合成的家，但是他們互動的場所，幾乎有一半是樓下的咖啡廳。至於父母的家，只是自小成長的環境，屬於回憶而非自我的家，所以，假日休閒可以是去父母家吃飯。

在天平的另一端，就是非常重視家族的韓國式家庭。不管是韓國的連續劇《百萬朵玫瑰》，或者長壽家庭喜劇《好想談戀愛》、《白癡王子》，一個完整、理想的家，必須是三代或者四代同堂，一家之主絕對是最年長者，他們對於家族中所有人的喜怒哀樂、生活模式有決定性的影響，完整的家族，也是評判個人價值的重要因素。一個人在外賃居是萬不得已的狀況，也會因此受到歧視，即使結婚，也應該是在丈夫的家生活。每齣戲劇一再強化的是家庭的和樂，以及家人的重要，至於富裕，只是錦上添花。

相較於此，日本戲劇中家族的背景逐漸消失，但卻仍能彰顯權威，只是不若韓國明顯。在《白色巨塔》中，男主角財前的岳父家族，是他爭奪權力的重要基礎。而以年輕經營家族群為目標的偶像劇主角，大多是獨自住在大城市的某個角落，努力經營自己的生活；而家，是故鄉，是心靈的避風港；回家，是休息，也可能是逃避與放棄。所謂家人，不繫於血緣或婚姻，《長假》中是兩個互不相識的陌生人在同一個屋簷下生活，《三十拉警報》是由一對姊弟延伸加入朋友而成的家。而能進入情人的家，是關係確認的重要方式。日式的家，是關係象徵的客體，而非實質的空間。

非關空調

讓家更溫暖，或者更涼快

好好了解自己，爭取一切機會多看多認識種種生活的可能性，從形而上到形而下，
有錢沒錢，該買不該買，你該清楚，你決定。

文—歐陽應霽　攝影—包瑾健

先來聲明一下，我越來越隨便——不是
那種什麼都可以，無所謂的隨便，而是在
走進好些家裡碰上那麼多人那麼多事之
後，真的覺得一千個人有一千個家，隨心
隨意隨各自舒服方便，也就是說，並不應
該有一個人站出來自稱生活家，告訴大家
該怎樣怎樣去布置去收拾甚至去生活。最
理想的狀態應該是，我們每個人都盡量清
楚認識了解自己，知道自家生活上的需
要，然後實踐，好，不好，喜歡，不喜
歡，想一想，比較一下，然後再來——好像
文章結尾總結部分，完了。

你的完成是別人的開始——有位舊相識
有天忽然這樣不經意的說，偉大得沉重得
嚇我一跳。又有另一位新相識在2005年元
旦當天跟我說，世界上有三種人，第一種
有很好很好的品味，第二種有很壞很壞的
品味，第三種是沒有品味，還占了人口比
例中絕大部分，這也就是為什麼我們都很
願意聽所謂專家的話，yes and no，dos and
don'ts……

傳統裝飾風格紋樣始終是一種樂意安心的選擇。

朋友家裡小裝修大調動，都會撥一通電話過來，
問問在哪裡買沙發買燈買門閂買淋浴蓬頭，找什麼師
傅做木工金工水電工，這我都樂意一一回答。只是當
我回問一句，那你喜歡怎樣的沙發和燈和門閂和淋浴
蓬頭，半數以上支吾以對，嗯，這也好那也好，這也
不好那也不好——是因為我們有太多的選擇？還是有太
少的選擇？

還是那一句，好自為之！好好認識了解自己，也
爭取一切機會多看多認識種種生活的可能性，從形而
上到形而下，有錢沒錢，該買不該買，你該清楚，你
決定。

爭取機會親手用心栽花，靠近自然大滿足。

又該完了！還好，還是八卦，還是相信和喜歡分享，也覺得總有一些方法可以讓家裡溫暖一點，或者涼快一點……

極簡與極繁

先來說極簡，這與流行掛在嘴邊的minimal並無太大關係，說清楚也就是扔東西。只是覺得在一切所謂風格和款式之前，都必須清清腸胃瘦身一番。一般人家裡空間有限，卻肯定是存放積疊了不成比例的多達三五七倍的物件：親手買的人家送的家裡祖父母留下來的，如果沒有減減減這個繼續革命的概念，送走種種「不合時宜」的，大抵也不必寄望有修成正果的一天了。給自己一個功課，每天可以扔掉多少本塵封已久的舊書舊雜誌和舊報紙、舊鞋舊衣服、過期食物、單據文件杯盆碗碟……因為要捨棄，所以會臉都紅了的問自己，為什麼我當年竟然會瘋狂擁有這樣那樣的物件。當然也不必太過分苛責自己，只是知道萬事萬物都有它的他的和她的歷史時期，完了就該走，一乾二淨是種極致，家徒四壁是種境界。

當這個極花時間和精力的簡化革命在進行中，回過頭來又是雕琢細節的時候。既然大框架已經清晰明朗，出現在家裡的器物就開始精益求精，那麼狠心的放手之後竟然還留下的，除了功能應用上的必要，更多是感情和回憶的連繫片斷。種種細碎繁雜組成的，是個人的家族的歷史，家裡人氣根源之所在，也就是這些陳列的照片，獎狀，佛像，旅行紀念小玩意，一兩件骨董一兩幅字畫……在這個意思上，家的極繁的一面是必要的，與極簡是互補的。原則態度明確後，收納的方法和動作就俐落得多，收納的意義不在於把所有東西都藏起來，倒是一種空間的計畫安排和練習，甚至包括如何陳列展示要被看見的一切。從極簡

當椅子成為家裡的收藏項目，就得騰出空間好作展示。

家居生活是進行式，也可以是過去式。

廚房越來越是一個溫暖家居的焦點核心。

到極繁，硬幣的兩面，翻來覆去，值得玩味。

明亮與陰翳

倒眞要先感激有這麼一種發明叫dimmer——一般叫作調光器，但其實也就是調暗器。我們去看房子，走進去總會計較它夠不夠開陽明亮。今時今日活在都市，充足的自然光線無可置疑是人爲的，都控制在地產發展商、建築師和設計師的手裡，當中的關鍵說來說去都是錢，能夠無擋隔障礙的讓陽光以至月光灑落室內一地，越見困難，既然如是，我們還算可以爭取主動的就是室內光的調控處理。

要讓室內有合適的光以及暗，除了最直接想到的人工光源諸如天花燈地燈壁燈檯燈床頭燈，還有的是窗簾門簾的物料選擇和厚薄程度，牆壁和地板的顏色和紋樣，以至家具的質材和用色，更仔細一點還得考慮燭光和爐火甚至電視和電腦閃出的冷光。對光的敏感程度因人而異，我等累了倒頭便睡得如豬一般的倒還好，好些朋友確是有一點點光也不能安穩入睡的，就得用特別質材的窗簾把一切一切光源給封住切斷，在黑洞裡好好安眠。尤其在看了日本文壇前輩谷崎潤一郎的《陰翳禮讚》之後，一向崇尚光明的我又忽然多了一種對幽微暗淡的嚮往——

有幸參加一些歷史悠久的古寺按古代儀式舉行的佛事，目睹皮膚發皺的老僧，油燈忽閃閃地照在他們的裟裟上，我感到是那麼和諧一致，使佛事又增加了幾分莊嚴的氣氛。情同此理，泥金畫也是如此。漂亮的花紋讓它隱匿於幽暗的底地，只讓金絲銀線忽隱忽現地閃爍光芒。

日本房間之美全在對陰翳濃淡的利用，⋯⋯在陽光難以射入的房間外面再加一個小房檐，或者再加一個走廊，再遠離日光。在居室我們還安上紙糊拉門，

讓外面反射的光線稍稍透進來，我們的房屋的美的要素，全在於這間接的光線上。為了使這種柔弱、孤寂、夢幻的光線無言地全部浸入到房屋的牆上，我們特意以暗調子的砂土塗抹牆壁。……一看就顯得靠不住的戶外的光線，在昏黃的牆壁上好像作最後一逞，這種纖細的光使我們趣味橫生。

既要光明磊落，又要孤獨淡泊，溫暖要足夠溫暖，清涼也得真正清涼，此情此景的製作，最方便倒真的要依賴dimmer這種光之暗器了。

淋浴洗濯既是功能又是儀式，赤裸裸的清水混凝土牆呼應赤裸裸的身體。

用上最專業的收納系統，最功能的解決問題。

融洽與獨裁

一個人住，兩個人住，三個或以上的人住……無論如何家裡面最重要的不是什麼家私器物，最要緊的是人，是人跟人之間的關係。人間關係的耕耘這比如何設計一把舒服椅子來得困難，當中學問也高深太多。我們即使竭盡所能構建好一個（自以為）理想的生活環境，但也未必能夠得到那種溫暖──我說的，是體溫。

所以，是幸福還是痛苦，是一個人是兩個人或者一群人，你來決定你來經營，刻意的和諧融合以為民主又未必會刺激起有趣創意，因為你一句我一句容易導致溫溫吞吞不上不下，倒是強勢的一夫或者一婦把關，獨裁行事反叫室內性格鮮明。

試想一下一個「正常」人的居家歷史：自小和家人住在一起，也就是活在父母長輩的既有美學水平和價值觀裡，國人家庭還是鮮有讓孩子們真正自己挑選和決定自己房間的牆壁顏色和家具款式的，到了有機會離家住進學生或者軍隊宿舍的話，亦有這樣那樣的經濟能力上的限制和團體的規矩。如果「幸運」的隨後有同居

極簡造型的辦公室檔案櫃應用在家居環境，把極繁的內容成功收納。

在家族祖屋中也活出一種當世態度。

或者結婚的關係，馬上又進入了要相互協調遷就的狀態——我們對共同組織一個幸福小家庭還是抱有一個太浪漫的想像，到最後搞不好只是一種草率的從俗的妥協。即使有朝一日「幸運」（?!）的回復自由身，天曉得還有沒有時間精力重建一個自己的家？

家不是玫瑰園，即使不致教你眼花撩亂以及鼻敏感，最美的玫瑰還是帶刺的——也就是因爲有這麼一點刺激，家居生活本身就是一種不斷發生不斷流動的挑戰，巨細無遺避無可避，冬不一定暖夏不一定涼，管你有最最先進的入口空調。■

本文作者爲作家

窩的移動
關於棄絕也關於拾獲

搬家意味著一個人必須徹底從舊空間消失，無法逃避地將自己的一切抽離，
連根拔起，抖一抖，塵歸塵，土歸土。

文—柯裕棻

搬家像是跟自己過不去，也像跟世界過不去，搬家的感覺像跟情人分手那樣萬般不得已，昨是而今非。

搬家的過程是一節很長很長的，惱人的破折號———長得想讓人另起一段開頭重來。我經常搬家，每一次都兵荒馬亂，明明住在都市裡卻像駐紮邊疆的小兵似的，時間一到就俐落地捲鋪蓋走人，手腳之迅速不比搬家工人差。

一種逃逸狀態

某一次搬家的時候，遇上了陰天，那早晨天光昏暗，我一夜沒睡拚命打包，一邊收拾一邊擔心，萬一下雨了該怎麼搬呢？在無眠的焦慮中，兩個工人比約定的時間稍晚一點，好整以暇地開著小卡車來了，來了也就慢條斯理的搬，我的東西雖然少，他們兩個晃晃蕩蕩，足足搬了一個上午。

東西全搬上卡車之後，我忍不住問他們：「你們今天都沒有其他的家要搬嗎？」

其中一個愣了一下，答說：「沒有。」

一會兒，另一個淡淡地說了：「今天不是好日子。只有妳搬家。」

原來是大凶日，諸事不宜。

此刻雨開始綿綿地下了，搬家工人擦擦汗，不知從哪兒拿出一條髒污的粉紅色薄棉被，蓋上我的家當，其中一個從卡車前座掏出黃長壽菸點上，問我：「妳自己怎麼過去新的那邊？」

我說：「我沒有車，坐後面可以嗎？」

抽菸那個說：「下雨了，不嫌棄就跟我們坐前面吧。」說完，俐落地跳上車，隨手拉了我上去。

卡車前座比我想像中寬敞許多，坐三個人綽綽有餘。

開車那個嚼起檳榔，發動車子，我旁邊那個默默抽煙，我倚著車窗吹風，卡車裡放起邱蘭芬的台語歌〈大箍女〉，開車的低聲跟著哼。在小雨中，我們搖搖晃晃駛過台北市，上橋，下橋，紅燈，綠燈，左轉，右轉。下一首是〈望你早歸〉，我旁邊這個也跟唱了。為什麼如此蒼茫呢？微雨中的路徑，我聽見後面那些廉價家具吱吱呀呀的聲音。那些是我的，只有那些。

這車子載著幾乎是我人生的全部，就這麼一直開下去也無妨，即使全扔了也無所謂。什麼都不要，這樣活著就好。

又累又倦，我突然有了亡命天涯的況味。

——離開了舊地方，鎖了門，頭也不回地走了，全部家當和自己一起在市街裡搖擺穿行的那一刻，是多麼無可名狀的逃逸狀態。

人生階段的影射

搬家的人從屋子的每個角落消失，但是首先他們必須從每個抽屜和櫃子裡把自己揪出來，累累陳曝如舊夢。來路不明的小紙條，失去彈性的橡皮筋，令人心酸的存摺本子，如露亦如電的老情書，不復記憶的日記、相本、筆記冊子，潮濕的光碟片上寫了不明所以的標籤，捲曲的發票上打了不知年月的日期，成疊的帳單記載了荒

唐的揮霍，皺成一團的舊衣失去了身體的形貌，躲在櫃子一角什麼也不記得了。

電氣用品的線纜千頭萬緒，越理越亂，盡是些蒙塵的糾纏。衛浴用品彷彿忘記了它們的承諾，瓶瓶罐罐的，一瓶比一瓶還要骯髒潦草。

搬家的那幾天，搬家的人經歷自我的變形和改造，慢慢兒打包整理每一吋地方，慢慢兒抹除自己的痕跡，清除自己的存在。搬家讓人認清現實，面對困境，並且了解自己，明白自己多麼複雜，多麼無頭緒，多麼健忘和疲倦。搬家意味著一個人必須徹底從舊空間消失，無法逃避地將自己的一切抽離，連根拔起，抖一抖，塵歸塵，土歸土。

就在這個棄絕的時刻，人生的殘留物也悄悄從邊緣浮現，不知道該不該扔的信件，不知道該不該留的海報，某一年生日收到的無用小燈，前年聖誕節買的冰箱磁鐵和燭台，某人送的玩偶，某人寫來的賀卡，捨不得丟的美麗餅乾盒子。這些從記憶底層重返的物體展現了驚人的質量，它們又沉又細密，有時像無解的謎題，有時又觸類旁通，每一件都影射即將離席而去的人生階段。

自己的房間是人生的空間記憶體，人生的紀錄以物質的型態貯存其中，平時它們沉默不語，不輕易揭露意義，只有在自己的房間即將不得其門而入的時刻，在房間即將失去記憶位置的時候，經過癲狂的拆解、傾倒、掃除、擦拭、分類、摺疊、搬移、綑綁、丟棄，這些物質祕密的存取機制才被啟動了。

一旦這些消逝的記憶一古腦兒湧出，任何細微的空間曲折都成了一道深沉的祕密皺摺，它們蘊涵特殊的意義和事件，已經忘記的某部分經歷與蝸居的習癖和秩序都深藏其內，在棄絕過去的時刻重新被拾獲。

是垃圾還是寶貝

那幾天，從各個空間摺縫嘔吐掏弄出來的物品忽然神色曖昧，它們既像垃圾也像寶貝，像一個若即若離的情人，可以留下也可以拋棄，教人躊躇再三，不知道該如何是好。它們宛若女妖羅蕾萊，各自哼唱擾人心弦的調子，即使是一張蠢笨的書桌，也彷彿有了曼妙的舞姿。

搬家的人被整屋子翻箱倒櫃的物品和記憶淹沒，拋棄和拾獲都是一種考驗。可是搬家沒有時間一一檢視或細想，搬家的難題在於必須當下決定，要，或不要。這是亂世顛沛流離的心情，在時空記憶的洪流裡打劫，要扔的絕不可戀棧，要留的也不可耽溺緬懷，留下多少算多少。

在生活物品的魔魅中，只有書和CD是唯心的物質，一個也不能少，井然有序，歸類法則絕不出錯，輕輕瞥一眼就知道內涵與重要性。它們的質地和意義比其他的物品穩定，它們自成一個堅固的抽象宇宙，使搬家者不致迷途於生活物品的意義而沒頂。

然後紙箱子就出現了，這些深黃色、粗糙、笨重、倔強、氣味濃濁而且易破爛的臨時容器，駱駝似的悶聲不響，一個跟著一個，往往承接過多的行李。搬家紙箱體積龐大，平常日子不容易管理也不容易收藏，雨季裡潮濕得軟趴趴，放久了又髒得像隻癩痢狗，舊的箱子經過透明膠帶纏綁拆封幾次，已經殘破不堪，一道小凹痕就足以使它崩潰，無法負荷重物，新買的則粗礪僵硬容易刮傷人。它們從來不大小適中，不是太大，就是太小。它們永遠不夠用。它們一定會破，它們永遠太重。

七手八腳的問題像惡夢裡的念頭那樣接踵而至，懊悔也是，自責也是。杯子和碗盤究竟該怎樣收呢？是放在塑膠袋裡還

自己的房間是人生的空間記憶
體，人生的紀錄以物質的型態貯
存其中。

蔡志揚攝影

是紙箱裡呢？要不要找報紙還是廢紙包起來呢？報紙和廢紙已經先扔了該怎麼辦呢？枕頭棉被的塑膠套子怎麼找不著了呢？透明膠帶突然去那兒了？垃圾該如何扔呢？冰箱裡的東西該怎麼處理呢？紙箱不夠袋子不夠繩子不夠行李箱也不夠怎麼辦呢？檔案夾為什麼這樣滑溜麻煩呢？滿抽屜的雜物究竟是為什麼呢？書架怎麼快垮了？衣櫃裡真的有這麼多東西嗎？

新的應允之地

懷著如此困惑、懊惱、昏亂的心情，不斷與自己和物品的謎團搏鬥，在舊的即將告別的房間裡。

然後就可以亡命天涯了，或是從此在新房間安居樂業。

新房間是一個新的記憶空間，因此也是一個新的組合可能，當它空無一物的時候看起來是那樣清新可喜，像一塊應允之地。然而，搬家的人慢慢兒在那個新空間裡生根，伸展自己的手腳和歷史，一吋吋疊上自己舊的習癖。新窗簾的顏色，舊桌巾的花紋，相框陳設的方式，書和ＣＤ排列的景觀，時鐘和植物的面貌，舊的沙發桌椅燈和地毯，新的床組和海報，看上去還是眼熟，還是自己，只是整齊有禮多了。

新房間一開始還有點兒拘謹，略有約束，住著像在別人家裡作客，頭幾天會認床睡不著，過幾天會在半夜裡惶恐醒來，不知身在何方，再過一陣子之後，認真過日子了，衣服襪子便開始堆積，雜誌報紙扔在沙發上，書籍不會立刻歸位，地板不再每天擦拭，此時就再也管不住自己了，隨著熟悉感增加，物品一點一滴從四處滿出來，終至不可收拾。當房間已經不知道該如何收拾的時候，它完全體現居住者的內在習癖與外在行徑，它變成了居住者的另一個自我，於是不再找不到鉛筆或便條紙，不再開錯燈的開關，不再踢倒字紙簍，不再找不到湯匙和開罐器。

不知不覺間，搬家者變成了居住者，人與空間渾然相依，此刻，家才算真的搬完了。　■

本文作者為作家

蔡志揚攝影

旅館：非家之家

家之外的落腳處，該是家的擬像，或是家的解放？

文—康旻杰

離開家吧。《時時刻刻》（The Hours）中的美國中產家庭主婦，長期禁錮在模型屋般的典型郊區住宅，安靜優雅到幾近不能呼吸，看似輕盈無負擔卻不可承受。在家的殼罩下，卑屈生命瀕臨無所撐持的失重力狀態⋯⋯

離開吧。家不是什麼張開臂膀的港灣，但家永遠是無法逃避的咒符。她漫無目的地開車，找到一家旅館，登記成為短暫逸軌旅途的過客。當她的身軀在一張不知躺過多少不同故事的大床上陷下，瞬時不明來處的湯湯大水漫漲，裘擁她不能言喻、無可名狀的，深刻悲傷。

一陣心驚。甚且說不上是同情，對這女人。若我是那張大雙眼目送母親駕車離家的小孩，我能不能諒解她這段堅定了棄離的旅程？那個陽光熠熠的午後，有多少女人起心動念，卻終究壓抑逃離的欲望，留下來，守住一個沒有自己房間的家，繼續豢養從不表露的悲哀黑洞？我想到我的母親、姊姊與弟妹，想到那間沒有感情與道德包袱的旅棧──但平常多數時候，我只想到牢牢將我們一家人綁在一起、充滿濃烈記憶的家，像Gaston Bachelard在《空間詩學》（The Poetics of Space）描述的種種現象學式的細節，一處形而上感知印象綿密編織成的實質空間，雖然我成長時真正熟悉的房子早在十四年前讓位給一段荒謬的都市計畫道路了。

旅館是理想的家的投射

所以家之外的落腳處，該是家的擬像，或是家的解放？家比描述成員的「家庭」、強調戶政的「家戶」、關乎營造的「房子」都來得抽象，更接近一種感覺，英文形容為「homey」。它處於與未知、廣大世界相對的辯證位置，始終以理所當然的溫暖安定召喚鄉愁（「nostalgia」一字，就蘇俄導演Andre Tarkovsky的詮釋，意味著對家、而非對過去的渴望），但它親密的依附性力量又同時抑制了野放外探的自由、冒險與獨立。家，當然也可能是箝制。在戀家與棄家、返家與離家無止境的拔河之間，家之外的世界提供了其他的庇護所選項，其中最竭盡所能與家的角色抗衡者，當非旅館莫屬。

旅館，泛稱一種由專人經營服務的非永久性住所。從最親切的

民宿到最奢華的villa，從廉價的汽車旅館到頂級的總統套房，從一小時辦完事走人的賓館到長期租賃居留的「跳蚤袋」旅社（fleabag hotel），所謂的「旅館」大概總會有處接受登記的櫃台，和至少一名經常與旅館外貌有著類似表情的管理員。旅館因「離家」而存在，是故必須在家的命題下爭取空間情境詮釋的策略位置。簡單的說，旅館應以擬家的聯想誘引旅人，或正相反，以非家的避世主張慫恿出走，往往決定了它設計的定位。而最迷人的旅館，約莫是那種去盡了家的生活渣滓、又延伸出完美的家的想像、最後居然還令人感覺自由的類型。這種旅館根本是欲望本身。

對許多刻意經營出旅館風格的業者而言，旅館正是真實世界不能企及的家的投射。樣品屋般的空間質地，外加周到殷切的服務和絕對的私密，只為成就一個完完整整任己主宰的天地——而當事情搞亂弄砸了，立刻有人趕忙清理；最棒的是，住膩了隨時走人，一點牽絆也沒有。這類旅館還講究個人化或個性化取向，單只舒適標準怕印象飄忽即逝。例如，逐步由紐約、舊金山、倫敦拓展的摩根旅館系列（Morgans Hotel Group），請來Philippe Starck及Francesco Clemente等跨界藝術家主導空間設計的品味，極盡雅致卻不忘揮灑藝術筆觸的不羈，心胸開放但態度嚴謹地迎合都市游牧及頂客族群經常以旅館為家的生活風格。林森北路上頗富傳奇的薇閣和台中七期重劃區附近諸多競逐的精品旅館則有意撩人遐思，炫妙綜合了拉斯維加斯主題旅館、汽車旅館及台灣賓館的趣味後再升等，比後現代更前衛、比普普更隨俗地滿足了許多人打造家外祕密金屋的想望。旅館，是門把掛上「請勿打擾」的另一個家。

刮去記憶之所

打開旅館房門，感覺彷彿有個偶然逗留的幽靈剛被驅離，那種才被徹底整理過的乾淨絕不留下任何線索，密閉窗內的空氣殘留著無菌室的味道，但那經意遭掩埋的故事似又暗自想從某個時空的罅隙洩漏情節。如果由空間敘事觀點閱讀、比較家與旅館，家的概念所延伸的空間敘事通常是開放結局且不斷積累的，旅館卻是諸多斷裂而封閉之空間敘事的集合。理論上，家的空間敘事是個人記憶所

堆疊的情感與認同，而旅館則透過不斷「刮去重寫」（palimpsest）的過程讓敘事回到初始狀態；家的主體對屋內特定事件的細節瞭若指掌，但旅館過客並不知曉之前同一空間發生過的任何情事。無怪乎旅館相對於家，總是多一層屬於城市的、逆旅的冰冷光澤和詭異色彩，而民宿類型或室內陳設帶點歷史韻味的旅館總能吸引一些希冀在旅宿經驗煨炙故事溫度的遊子。

只是，家的現實往往不純粹是深厚的不捨感情與無法割離的認同，甚至可能是某些人的夢魘，遑論有些人本質上就注定四海為家、居無定所。反倒不少旅館因其特殊傳奇、或時間爬過的痕跡、或物質性特色成為整個時代的註記及認同的地標，連樓梯轉角或一張火爐邊的皮椅都滿是敘事張力。

嬉皮浪人的暫借巢穴

紐約的雀喜旅館（the Chelsea Hotel）是我心目中最無可救藥的嚮往沉淪之地，大約和我年輕時聽Leonard Cohen唱給Janis Joplin幾乎要垮掉的子夜煙腔，每每浸淫於旅館畫面的想像脫不了關係。有什麼詩比對一名女子低吟「We are ugly but we have the music」更頹廢、更性感？還有比「I remember you well in the Chelsea Hotel, that's all, I don't even think of you that often」（《Chelsea Hotel #2》）更誠實、更痞子的說辭嗎？Bob Dylan在Chelsea寫下〈Sad Eyed Lady of the Lowlands〉，Joni Mitchell直接歌

詠〈Chelsea Morning〉的爛漫天光，當然可以因為這樣的理由縱容自己到Chelsea附庸風雅！何況還有William Burroughs, Allen Ginsberg, Sid Vicious, Patti Smith, Dylan Thomas, Tennessee Williams, Arthur Miller, Thomas Wolfe, William de Kooning, Henri Cartier-Bresson……數也數不完的嬉皮浪人鬼魂經年在旅館廊道遊蕩，很多關於Chelsea的鬼故事不斷流傳，但不正是這些鬼魂勾引一代又一代的雀喜朝聖客嗎？雀喜長期租客Gerald Decock形容得好，這是Eagles描述的〈Hotel California〉：「你可以隨時結帳走人，但你永遠無法真正離開。」（You can check out any time you like, but you can never leave.）

Decock是個髮型設計師，住在雀喜一間有屋頂花園的客房超過三年了，還有很多像他一樣長時間和一群特立獨行的人鬼廝混在雀喜的房客。他們著迷於這旅館歷史重量和人文厚度積壓出的神祕氣

最迷人的旅館，約莫是那種去盡了家的生活渣滓、又延伸出完美的家的想像、最後居然令人感覺自由的類型。

質，在雀喜住了六年的單口相聲喜劇演員Steven Allen Green說，「它有種像重力一樣的拉力。每六個月你會對自己說，我得離開這裡找個正常的地方，我是個成人了，我一定要找個真正的地方。但它就是有種拉力，有時候像小孩住在迪士尼樂園一樣。」

1883年，the Chelsea Hotel還稱作the Hotel Chelsea的時候，原來是紐約第一棟實驗性質濃厚的合作公寓（co-operative apartment complex），十二層樓高、赤褐色砂岩（brownstone）建築外觀配合精雕欄杆及高斜度曼薩屋頂（Mansard roof），雀喜以坐落於西23街的雍容姿態迎接十九世紀末百老匯年代的降臨。1905年經濟崩潰後，合作公寓轉手到真正旅館的經營者，從此成為不盡其數的作家、藝術家，和都市候鳥族相偎取暖的巢穴。

城市故事的醞釀之地

二十世紀初，西岸洛杉磯市中心第五街和主街（Main）交會的街角升起一棟名稱同樣婉約的華麗旅館，「若絲琳」（Rosslyn）；對街角則站著她口氣膨風的姊妹，「若絲琳百萬大飯店」（the Rosslyn Million Dollar Hotel）。當年這角落是美國娛樂事業的核心，格里菲斯和卓別林的辦公室都在附近，百萬的形容其實一點不為過，甚至還有「百萬大戲院」和「百萬大藥房」來插花。

不久後，好萊塢竄起，市中心開始蕭條，這兩姊妹自此開始隔街無言以對，逐漸淪為昨日黃花。如今，早年大大的招牌還諷刺地高掛簷頂，但綴飾斗大字形的燈泡七十多年前就吹了熄燈號，百萬大飯店成了過夜只要八塊美金的「邊境旅館」（the Frontier Hotel），旅館四周住了更多夜夜以瓦楞紙盒為床的街友。白天還依稀穿梭於百萬大飯店街角的上班族和觀光客，黃昏後彷如從人間蒸發，大飯店慢慢被社會棄兒包圍，成為「他者美國」的要塞，或導演文·溫德斯（Wim Wenders）所稱的「無望者的最後堡壘」（the last bastion of the hopeless）。

於是真有了一部交織邊緣角色情欲及生命糾葛的爭議電影《百萬大飯店》（The Million Dollar Hotel）。當時發現這個場景的U2主唱Bono，四處尋覓為〈Where the Streets Have No Name〉的MV選址

時，無意中撞見了那大刺刺「百萬」招牌下自生自滅多年的社會現場。他開始寫了一個故事，然後和溫德斯衍生出劇本和一部有點U2曲式的電影。溫德斯說這影片是關於「一個偉大美國夢之外、真正人人平等的不同美國」（a different America, beyond that great big Dream, where truly, everyone, is, equal），而這虛構電影反映的現實即是「百萬大飯店」本身，那頹圮的驕傲招牌下、無關憐憫與道德的生存境遇，一處幽微人性游移瞬變的「邊境」旅館。

這種廉價的、租客分享共同衛浴及共同廚房的「單間居住」旅館（SRO，Single-Room-Occupancy hotel）也是許多美國獨立製片導演早期喜好著墨的題材（如Steven Soderbergh傑出卻鮮為人知的《King

of the Hill》及Gus Van Sant最初拍片的系列「年輕老靈魂」作品《*Mala Noche*》、《*Drugstore Cowboy*》、《*My Own Private Idaho*》等）。

在經濟困頓的年代、或對被住宅計畫排除於外的個人與家戶，SRO旅館是美國絕多數城市最便宜且租期最長的租屋形式，有些甚至是如Rosslyn一般的重要歷史建築。但七〇年代啟始的大規模都市更新計畫，一波接一波夷平了市中心這些珍貴的另類住屋，以迎接全新的地產開發。對過去長久依賴 SRO 旅館、並視之為「無家可歸前之最後住宅階梯」（the last rung of housing before homelessness）的年長者、貧苦勞工階級、行動不便者及單親家戶等弱勢族群，拆除行動無疑是致命打擊。

密閉窗內的空氣殘留著無菌室的味道，但那經意遭掩埋的故事似又暗自想從某個時空的罅隙洩漏情節。

直到八〇年代末，美國城市陸續從夷平式都市更新的幻覺清醒，深刻體認忽視住宅計畫而強調開發導向的規畫，最終只為資本城市帶來更多的社會負債。當遊民問題膨脹到幾乎威脅市中心的存活時，早先被視為破敗象徵的 SRO 旅館重新被詮釋為解決住宅恐慌最便宜有效的空間策略。不只僅存的老旅館被保存修復，新的單元也在土地使用分區管制細則的修訂下被陸續增建。表面看來似乎是政府規畫屈從於社會公義主張及歷史保存的壓力，實則為美國城市面對再生產危機時必要的計畫性調整。至今，許多徘徊於階級門檻的社會角色仍棲身於每個城市深處的「百萬大飯店」，醞釀城市歷史中最隱晦但最能代表城市精神的章節。

測量自己與家的距離

溫德斯早期的電影和攝影喜歡拍旅館和大片地景，想來是他放肆的流浪癖在作祟。空間設計和觀光行銷總將旅館歸類在休閒消費的向度，而休閒的時間感是被資本城市運作的節奏拉出的；但溫德斯的旅館卻是世故的滄桑中帶點無所事事的悠閒晃蕩，悠閒是自己決定、隨興度口的時間感。悠閒狀態陌生旅程中的驛站即使百無聊賴，回首顧盼偏又最是清明澄澈，那確是家所不能給予的。像一句老話說的，必須要離家到某個里程，才能辨識出家的位置。旅館或許就是這麼個測量自己與家的距離的所在。

現在我一個人住在大城的小公寓裡，搬入一段時日之後偶爾還感覺唐突。可能是重新裝潢了，多少有種設計過的矯情，起床後甚至覺得應該把被子拉拉平整，報紙堆了三兩天就想到回收，以維持環境品質的清爽，與以往窩居時頗無節制之散漫與堆積、乃至鋪陳出一種自以為是的家的味道很是不同。有一晚回到整理過的公寓，眼前窗明几淨，橫窗外兩道飄在對街屋頂上空的長橋彎弧以光雕收斂了周邊紊雜蔓疊的天空線，才忽然意識到自己像住在城市角落的旅館，有點蕭素浪漫，獨缺認同深度—— 一處居所，反映了主人猶疑在城市定居與暫留、成家與出走的尷尬處境，惶惶然竟不禁啞然失笑。　▩

本文作者為淡江大學建築系助理教授

你是哪種「拜家人」?

也許你很「敗家」,

彈指之間千萬進出面面不改色,

可是,你知道自己是哪一種「拜家人」嗎?

對於你必須存在的空間,

那個我們稱之為「家」的所在,

你仔細思考過與它之間的種種愛恨關係嗎?

誠實回答下列問題,

就可發現自己對於「家」的膜拜程度,

究竟是它駕馭你,

還是你控制它,

或者是既熟悉又疏離的矛盾?

文—莊琬華 插畫—萬歲少女工作室+KIT

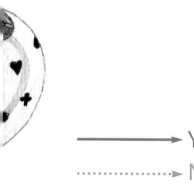

→ Yes

⋯⋯⋯► No

如果可以自由決定,你會花比較多的時間待在家裡而非工作場所或者其他地點?

如果必須離開家去長途旅行,你會選擇一件有家的味道的東西,放在行李箱中跟你浪跡天涯?

總覺得自己有點矛盾,離家太久會想家,但是一直待在家裡卻又會感到強烈的出走欲望?

如果搬到新的地方,你會將舊衣服物品保持打包的狀態,然後買新的物品來使用?

如果有人每隔固定時間就會搬一次家,你會覺得這是不可思議又無法理解的事情?

在處理自己房子的時候，你曾經有過「如果我會做木工、會畫設計圖、會燈光設計……該有多好！」的感嘆？

別人會叫你「轟趴」（Home Party）大王或女王，常常受你邀請來個夜晚狂歡，享受你精心準備的音樂、食物？

你會比較喜歡旅遊雜誌或書籍，勝過家居設計或者食譜類書籍？

環遊世界，不只是你的夢想，更是你處心積慮努力實踐的理想？

如果有人一直想到你家一遊，你會猶豫很久，然後想盡辦法打消他的念頭？

你會有挑床、認枕頭的毛病，一出外就很容易處於失眠狀態，以致旅程品質大受影響？

你會羨慕護照上蓋著滿滿世界各國入境許可印章的人，希望有機會的話自己也可以在每一個城市待上一段時間，徹底體驗異國文化？

回家面對安靜的空間的時候，你會覺得那種無聲的感覺是可以消除外在積鬱的一種撫慰？

有時候你覺得「所謂的家，其實只是旅館」？

搬家時候最痛苦的事情是必須將有些用不著、卻又有些意義的東西清除？

你喜歡在家吃飯或者自己動手做菜，不喜歡外食或外賣。

A

B

C

D

異鄉的漂泊者

如果覺得「揮一揮衣袖，不帶走一片雲彩」
已經太過浮濫，「千山我獨行，不必相送」
又太古老，那麼，適合你的台詞可能是：
「想要征服的世界，始終都沒有改變。」天
下之大何處不可為家，是你豪氣干雲的胸
襟，即使只是簡單的行李，走遍天涯，有你
存在的地方，就是家之所在。

空間的擺盪者

家，之於你，是避風港，卻也是限制自由的
地方。於是，你習慣在一個又一個空間中擺
盪，當心倦了、累了的時候，你從它那兒獲
取最大的安慰，找回重生的力量；但是當你
想要振翅飛翔的時候，它變成一條看不見的
風箏線，緊緊繫住你的翅膀，於是你不得不
剪斷這份牽繫，在它變成沉重的負擔之前，
你就已經築好另一個新鮮的窩。

風格的展示者

如同身上的衣著、手上的飾品、腳上的鞋子，你講究品味、講究氣氛、講究格調，所以，家，是你身體延伸而出的物理空間，它必須符合你的一切標準，而它也安安靜靜接受你的擺布。於是，你幾近敏感的挑選適合它的（其實是適合你的）內容，大方對朋友展示一手打造出來的金屋，彷若一位令人驕傲的伴侶。

自我的眷戀者

離開一步，或許你還不會頻頻回首，但是，離開一天，你可能就會開始想念。每次旅行，出發時刻的興奮一到夜晚馬上就消失無蹤，取而代之的是對於家的思念──不是同一盞燈的亮度，同一個枕頭的柔軟，同一個鬧鐘的滴答，於是再美的景致都安撫不了你的情緒，半途想放棄溜回家去。這都不算是太奇特的結果，畢竟還有個人，才搭上了火車數小時，就已經決定旅行夠了，該回家了。　　　　　　　　　　　　　■

在這篇文章開始前，我懇求各位無論如何都要相信待會兒你所看到的內容，並將之牢記在心，因為這關係到整體人類未來的命運，及整顆地球未來的存亡，所以千萬要記住，不要把這篇文章當玩笑！

根據本人多年的調查，全球百分之九十以上的家庭正遭受幸福家庭破壞王前所未有的猛烈攻擊，空中、地面、水底、網路……這一波波威力強大的攻勢已經造成多數家庭的幸福不再，這些受攻擊的家庭岌岌可危，隨時都有可能瞬間崩解成殘牆碎瓦，然而最可怕之處就在於受攻擊者常常處在不自覺的狀態，任由幸福家庭破壞王為所欲為，等到傷害已經擴大到無法挽回時才猛然驚覺，但一切都為時已晚。

為何會有受攻擊卻不自覺的假性植物人現象呢？因為家庭破壞王沒有固定的外觀形體及攻擊途徑，它可以是一張紙條，一個印記，一個人，一句話，甚至只是一個意念，比較具體的來說，幸福家庭破壞王跟「靈」比較接近，也就是說它是可以依附在任何生命、物件與思想上面來進行一般人難以察覺的毀滅行動的！

日前有許多惶恐的讀者寫信問我，有何疫苗可以抵禦這有如瘟疫般的幸福家庭破壞王，坦白說確實是有的，不如就讓我們在認識恐怖的幸福家庭破壞王之前，先來搞清楚到底是什麼神奇的東西能讓一個家庭倖免於難。

幸福家庭破壞王

文‧圖—BO2

看清楚了，不要等到大難臨頭才在那裡雞子鬼叫！

幸福家庭五合一疫苗

1. 一紙有法律效力的結婚證書。

2. 一個身心靈健全，擁有一份薪水高工時短的固定工作、海外不動產、投保高額意外險且有六塊腹肌，沒有禿頭症狀並會對婚配伴侶勃起至少三十分鐘以上的忠誠浪漫男人。

3. 一個穠纖合宜，具生育能力但生完不變形、不下垂、不出現皺摺，能上廳堂能進廚房能在床上不裝死魚，話少不囉唆的賢淑女人。

4. 一至兩個獨立自主不吵不鬧不伸手要零用錢，會自己吃飯拉屎洗澡睡覺並直接跳過青春期就長大的可愛健康小孩。

5. 一間至少120坪有花園有車庫有水塔有不斷電系統可耐九級震並配備女傭保全及長工數名的房子。

好，我知道你要說什麼，沒錯，這五合一疫苗確實太夢幻，不過也正因為如此，少數擁有此疫苗的家庭幾乎是坦克附體，堅不可摧，但相對的也反映出無法取得疫苗的家庭面對攻擊時的脆弱無知與無助。為了能讓各位更清楚了解幸福家庭破壞王的無孔不入，以下我將公開幾則受難者的生活日記，內容記錄著這些受難者遭受家庭破壞王攻擊時的種種可怕狀況，希望這些用鮮血寫下的文字能讓社會大眾正視這個問題的嚴重性。

老闆，你要我幹嘛都行，只要給我錢！！

2000年8月15日 晴
土城蔡文豪

　　今天接到ＸＸ雜誌社編輯來電，他要求我寫一篇關於職場經驗的稿子，內容不得涉及人身攻擊，毀謗辱罵也不可以，什麼幹呀娘呀之類的語助詞也不能用，最重要的是稿酬低到不行而且出刊隔月結三十天票……坦白說，這種感覺很糟，這就好像你要求一個吃了一整罐瀉藥的傢伙不准拉稀、不准噴射、不能伴隨屁聲，完事後還必須保持優雅姿態離席但衛生紙只給一張……這根本是強人所難，當下我很想拒絕，可是看著書桌前孩子們的學費袋，摸摸自己只剩下一百五十元的皮夾，到口的話又吞了回去，我知道三年前的那個噩夢又回來了……

　　還記得三年前，當時我在ＸＸ出版社當編輯，那老闆從來就不把我當人看，他認為我只比豬、牛、馬、驢高一個等級……這個等級的差別只在於我看得懂國字而上述的動物不會，而且老闆認為他有付薪水給我，我就必須要無怨無尤埋頭苦幹。還記得那個豬頭老闆這麼說過：「要養妻小是

你的事，誰要你當年自己想不開！嫌錢少？不爽做沒關係呀！還有一堆起薪只要兩萬塊，願意犧牲睡眠甘願放棄性生活的碩士班畢業生搶著做這份工作！」為了一家人的溫飽，薪水少也得硬著頭皮幹呀！可是老闆對我的要求越來越多，一開始是週一、三、五加班，後來是二、四、六加班，最後變成整週都要加班，唉～

老闆說：「不要問為什麼加班，編輯的天職就是加班！」既然是天職，理所當然就不會有加班費，既然沒有加班費自然也就不會有誤餐費，沒有誤餐費就得吃自己，然後越吃越窮，口袋裡的錢越來越少，常常三過家門而不入，老婆像個活寡婦，兒子看到我叫叔叔，最重要的是⋯⋯管你加班到半夜幾點，對不起，明天一樣給我九點準時上班。

我因為長期吃泡麵及睡眠不足覺得這份工作幹得很委屈，我很想罵洽陰陽或什麼更營養老雞排之類的話，我覺得我勞苦功高，我認為我盡忠職守，我為了公司常常跟老婆吵架，我因為壓力大所以常常便秘，我感覺我快要鞠躬盡瘁，我的付出該有相對的回報，於是我異想天開拿著辭呈要脅老闆加薪，很快的⋯⋯我在原本該上班的時間躲在自己的房間，流著淚跟老婆一起拿著紅筆翻報紙⋯⋯

三年過去了，我不再是當初的那個笨蛋，經驗告訴我，一旦答應寫這篇職場的廉價文章，之後他們一定還會再要求我寫什麼吞火球實錄或用小弟弟拉火車頭心得報告之類的芭樂東西！我不要重蹈覆轍！

可是，話說回來⋯⋯我每個月有一堆帳單貸款要付，我辛苦賺的錢要給白癡政府扣稅，我還要養老爸老媽還有三個孩子及一個老婆⋯⋯為了生活為了這個家，我

被招得死死的，根本就無力抵抗⋯⋯真是人在江湖身不由己呀～所以別說是編輯大人叫我寫廉價稿子或用小雞雞拉火車頭，為了生計，就算要我脫了褲子用兩片屁股肉中間的稚嫩小裂縫接飛盤，我也是只有含淚乖乖點頭的分！

2001年12月03日 陰雨
鳥松鄉李大頭

已經是分房睡的第八天了，一早起床為了廁所的事又大吵了一架，真是太過分了！拜託，她以為我願意這樣嗎？天曉得我瞄多用力呀！我當兵的時候打靶都馬打滿靶說，可是尿尿分岔要我怎麼控制？若是單純的分道揚鑣也就罷了，位置喬一喬總能抓到訣竅，偏偏這玩意兒每天都有不同的變化，我側著尿歪著尿扶過來弄過去，不管我怎麼弄，它就是像台中亞哥花園的水舞一樣，忽左忽右忽高忽低，更離譜的是，有時還會瞬間旋轉改

變方向，真是奇怪，我以前並不會這樣呀！真嘔！

說到嘔，不會有比剛剛這件事更嘔的了，她說整間廁所被我搞到都是尿騷味，所以她就在廁所的門把上裝了一個密碼鎖不讓我用，ㄟ～我是一家之主耶！更惡劣的是她還譏笑我是蓮蓬頭！蓮蓬頭……我還SPA水療機咧！

下午用公司的電腦上網查了一下，上面說小便分岔最有可能造成的原因是攝護腺肥大，網頁還附上自我評量表要我自行檢測：

攝護腺肥大自我檢測表

( )1. 過去這一個月，你常常感覺小便完時沒把尿排乾淨嗎？

( )2. 過去這一個月，你常常在小便後不到兩個小時又想小便嗎？

( )3. 過去這一個月，你常常小便時斷斷續續，必須反覆停一下再小便嗎？

( )4. 過去這一個月，你常常發現沒有辦法忍尿，必須急著上廁所嗎？

( )5. 過去這一個月，你常常小便時覺得尿流微弱嗎？

( )6. 過去這一個月，你常常小便時必須用力才能開始排尿嗎？

( )7. 過去這一個月，你常常在晚上睡覺時起來小便嗎？

( )8. 過去這一個月，你常常在小便時因為分岔而對不準目標嗎？

我仔細看了一看，這些狀況我只有最後一項符合，那問題到底在哪裡？我記得以前聽電台賣藥的說過小便分岔是縱欲的結果……可是我都已經被趕出房門八天了也沒見好轉，我想我的小弟弟一定是被鬼附身了，天哪！誰來救救我呀！

2002年3月21日 陰
台北阿美

今天下午去郵局洽公時，在路上碰到多年不見的阿枝，她跟大學時代的土樣完全不同了，全身名牌貨，尤其手上那顆鑽戒幾乎跟白水煮蛋一樣大，有夠誇張！她身後還跟著一個菲傭幫她牽因為發春而抱著我小腿猛拱

麻煩請你爸媽離開，還有，這份離婚協議書順便簽一簽！

的馬爾濟斯，更氣人的是這菲傭穿得居然比我好，連指甲都還有彩繪！阿枝說她跟老公原本在市場賣肉圓，前兩年公婆被砂石車撞成兩坨肉圓，一大筆遺產就莫名進了口袋，現在夫妻兩人搬到信義區的豪宅，每天的工作不是玩股票就是打高爾夫喝下午茶，幸福得不得了！

她問我近況如何？我避重就輕的轉移了話題，草草寒暄兩句就快速逃離，唉～真的不是我愛面子，實在是有苦難言呀！三十坪的公寓房子裡塞了五個大人兩個小孩，七十歲的公公老人癡呆怪裡怪氣，六十歲的婆婆更年期有夠囉唆，二十歲的小姑光會吃不動手，上小學的兩個孩子像討債鬼，尤其是那個大我五歲只會癱在沙發上看體育台的死鬼，婚前說要讓我住好的吃好的，碗他洗地他拖，婚後統統變成屁！

我每天上班累得要死，下班回來還要弄兩個小孩，這就算了，孩子是自己生的能怪誰？弄完小孩還要照顧他爸服侍他媽，這也算了，誰叫我是媳婦？可是他妹妹這個廢人到底來湊什麼熱鬧？為什麼他妹妹可以像個老佛爺我就要累得像條狗？為什麼他妹妹什麼都可以我這個做嫂子的怎麼都不對？已經二十歲有手有腳為什麼只會吃飯不會洗碗？為什麼只會穿衣不會洗衣？為什麼只會上廁所不會刷馬桶？為什麼拿我的東西都不用說一聲？

我氣到跟老公說要搬出去，老公卻說退一步海闊天空，一家人住在一起才有人氣，人氣～都快斷氣了還跟我說人氣，我看他根本是存心想氣死我！還有，在這個家裡我根本就是個外人，家庭會議我插不上嘴，要花錢的事情就來找我，我又沒加入慈濟功德會！最讓人受不了的是晚上做那件

事的時候還要考慮隔壁的公婆小姑會不會聽到！老公常常白目的問我怎麼都沒反應，反應～哼～跟這一群魔鬼住在一起，老娘早就已經令感了還會有什麼反應？

2002年3月21日 陰
桃園曹達智

在她的面前，威而鋼、犀利士我都吃過了，虎力亞補、大雕、火鳥咖啡也都試了，軟趴趴，我的小老弟還是軟趴趴，就算好不容易小弟弟抬起一點頭，不用兩三下就又流著鼻涕睡著了！老婆說我再不想辦法解決這個問題她就要跟我離婚！

離婚～以為我不想呀！要不是房子工廠都登記在她名下，老子巴不得現在就離咧！搞不清楚，我在外面其實是很神的好嗎？那個制服店的小雅還有喇叭店的咪咪都說我厲害，還幫我取綽號叫香蕉哥哥！還有，像上個禮拜跟蜜絲王去高雄出差，一整晚翻過來弄過去，把她整得隔天走路都歪歪，我多猛呀！硬得咧！所以會有軟軟這種狀況她自己要檢討一下，要不是她那妨礙觀瞻破壞市容的千層腰、肥屁股、布袋奶還有那張該死的八婆嘴，林北我才不會軟軟咧！

說真的蜜絲王還真是好女孩，她說她跟我在一起什麼都不求，不要名分不要錢，只要我在心裡留一小塊地方給她就好，像昨天她愁眉苦臉的跟我說她爸爸生意失敗欠地下錢莊兩千萬，我要開支票給她她居然不收，結果今天一早她拿著存摺嘟著嘴跑來問我我怎麼會知道她銀行帳號，厂厂～小傻瓜，我是老闆，有哪個員工的銀行帳號我會不知道？

嫌我軟軟？看～也不自己照照鏡子，林北是被你嚇軟的啦！

錢這種東西對我來說是小事，而且像這麼好的女孩哪裡找？算命的居然還說她是專門放長線釣大魚的狐狸精投胎，沾上她我的婚姻會出現問題還會身敗名裂，我看這算命的大概腦筋有問題！

對了，明天又要跟蜜絲王出差去美國開會，整整兩個禮拜耶！一想到這事我精神就來了，上次去越南胡志明的時候，楊董有送我一盒海狗丸，這次終於可以派上用場了！還記得楊董說這海狗丸是用海狗鞭、梅鹿鞭、人參、鹿茸、大海馬、大蛤蚧、上肉桂、上沉香、飛陽起石、五花龍骨、覆盆子、破故子、兔絲子、淫羊藿、何首烏、桑螵蛸等珍貴藥材製成，為了證明藥效，他還說了句順口溜：

事前吃一顆，變成猛丁哥，

中間吃一顆，好比坦克車，

完事吃一顆，當場笑呵呵。

哈哈，為了蜜絲王，別說離婚了，就算身敗名裂家破人亡我也甘願啦！

好了，我相信對各位讀者來說，上述的無情老闆、經濟壓力、生活惡習、婆媳妯娌、陽萎早洩、外遇一夜情等例子不過是茶餘飯後的八卦話題，了無新意且干卿何事？可這真的不是我要危言聳聽，根據聯合國最新的支離破碎家庭統計結果顯示，前述幾種狀況正是家庭破壞王最常使用的招式，這些招式看似無奇卻招招攝魂，式式奪命，試問各位看官，你的家庭已經做好預防措施了嗎？你的家庭能夠自覺遇襲嗎？你的家庭有能力迎戰嗎？如果答案是肯定的，那我要向你說聲恭喜，真的，你好神！！

可是如果很不幸你的答案是否定的……我想我也只能奉勸你趕快想辦法弄到神奇的幸福家庭五合一疫苗，乀～別怪我沒事前提醒你喔！我可不想再聽到有人在大禍臨頭的時候才捶胸頓足的說出千金難買早知道這種屁話了！■

本文作者為圖文作家

報告長官，本連又有一名弟兄遭到家庭破壞王的毒手了！

家人

緣分判若干些，都有可能成為你的家人

文—藍嘉俊 攝影—蔡志揚

文—藍嘉俊 攝影—蔡志揚

大家族

蔡博嘉（35歲，營建業）（新郎）和他的家庭

民國59年農曆2月7日，我和我太人結婚了
那天天氣很好，喜宴就擺在嘉義東石祖厝的三合院內
雙方的親族齊聚一堂，留下這張家族合照
我們的婚姻是媒人介紹的，她說我跟我太太的緣是同一所小學
坐在我左邊的是我的父親和母親，父親是九個兄弟中的老大，而我是他的第四個孩子
轉眼間，三十五年過去了，我現在已是三個孩子的父親
雖然照片中有些人現在已經不在了，但最前排的孩子如今都已經是兒女成群
我們家族就像棵茂盛的大樹，老葉會凋零，而新生的枝葉仍會不斷生長繁衍下去
蔡博嘉提供

異國聯姻與混血小孩

費孟珊（34歲家管）和她的先生（介甫Jeff 32歲）、孩子（家芸5歲，鼎翔4歲）

知道這對可愛的孩子身上流著幾種血液嗎？

六種：本省、外省、英國、法國、愛爾蘭、印度！

他們都是在美國出生的，但我是獨生女，為了讓父母有伴，我們決定先在台北住上幾年。

漸漸地，孩子學會了中文與台語，我老公也非常贊成讓他們接觸母親的文化。

Jeff是外國人，我們相互吸引的最大原因是彼此都非常重視家庭價值。

所以，當我知道兒子有自閉傾向時，就毫不考慮辭去工作，全心全力照顧他，現在他已經好很多了！

麵包不是不重要，但日子過得去就好，陪孩子成長卻是無可替代的。

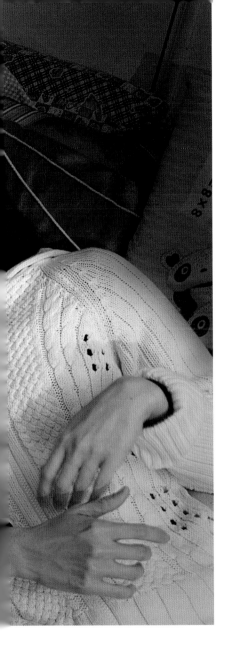

室友

郭上嘉（26歲 出版社編輯）（右）和他的室友（批哥35歲‧阿蒙28歲）

我的老家在高雄，北上唸書連同工作，在台北已經待了七年。
我的室友也都是從南部上來的：
「穩重」的批哥從事資訊業，時常會帶吃的東西回來，
阿蒙還在研究所唸書，沒事會下廚打牙祭，
當然，我也是有貢獻的——負責洗碗。
有時，各自的朋友會留下來過夜，
大家一起在客廳打地鋪，場面就很嚇人。
我們在同一個屋簷下生活三年了，
客廳是我們的互動空間，
晚上，大家會從房間裡走出來，
坐在沙發上人手抱著一台notebook，
一邊上網、一邊看電視，並且有一搭沒一搭地聊著，
像家人一樣的隨興。
將來我們會分開，
但我會懷念這段在客廳裡打屁、喝酒、吃零食的日子。

人與寵物

劉叔慧（35歲 作家）和她的雪納瑞（妹妹11歲）

當妹妹第一天進門就把木質地板刮花時，我真是天人交戰，我懷疑自己還要養牠嗎？

但慢慢地，我發現狗狗令人疼愛的一面，那種依戀，是跨語言也是跨物種的。

我對牠的禁令，也節節敗退，從不准進臥房、不准上床，到現在，居然要抱著妹妹一起睡覺。

我一個人住，但回家時，卻非常確定有個生命會等妳開門，並且，每次見面的喜悅都像是初次，從不會彈性疲乏。

牠會開心地露出肚子、讓妳撫摸；有時抱著牠說心事時，牠會兩眼盯著妳，彷彿都聽得懂。

把一切都交付出來，那種關係很像是親子。如果我將來有了自己的孩子，可以持續那樣美好而純粹的每一天，那也是因為這隻狗兒的啟蒙。

同好

曲辰（23歲 研究生）（左邊從上數來第3位）和他的推理迷朋友（東陽25歲‧sens26歲‧稻葉吹雪28歲‧希映25歲‧夏空31歲‧遊唱30歲）

我們的關係，是從對推理小說的熱愛而開始的。藉由相關的網站，大家搭上了線，互通有無。後來有位作者要出書，在新書發表會上，我們第一次見了面，從此除了網路交流外，也有了實體的聚會。大家喜歡的東西一樣，這種感覺很特別，像是一群志趣相投的道友。我們也從以推理小說為核心的連結，擴展到其他層面的相互關心，因此其中有人成為室友、成為情侶，似乎是理所當然的了。如果，你也迷戀推理小說，那麼歡迎加入我們的大家庭。

手足

莊嘉琪（29歲 設計公司企畫）（左）和她的姊姊（琬華 31歲）、
妹妹（嘉惠 28歲）、弟弟（鎮豪 27歲）

父母是早睡的人，但我們工作都晚回家，為了避免干擾作息，
姊弟妹們就搬出來住了，當然，生活較自由也是重要原因。
但我們平時放假都會一起回老家、
吃媽媽燒的菜，嘿！只要走五分鐘的路。
我和妹妹、弟弟在外面合開了一間工作室，
手足兼同事，我和小妹還睡同一個房間，
等於24小時都在一起。
老實說，我們待在公司的時間比住的地方還多，
住處設備簡單、好像主要作睡覺用，
倒是工作室裡沙發、電視具備，比較像家。
大姊下班後有時會到公司來，
我們會打起燈光、放上音樂，
一起泡杯咖啡，多愜意啊！

雇主與看護

湯靜慈（45歲 健康產品直銷商）和她的看護（Ella 37歲）

剛看到Ella時我有點疑惑，她抱得動我嗎？

但其實，即使九十公斤的重物都難不倒她。

我同時是類風濕性關節炎及癌症患者，

不良於行，需要請一個看護照顧。

Ella不但專業、有耐心，而且個性開朗，

我因身體不適而造成的低落情緒，

都受她的感染而好轉。

我們的關係很親密，會交換心事，

不似主僕，比較像姊妹。

我終於知道什麼叫做日久生情了。

老實說，一個人來異鄉工作真的很辛苦，

我希望她存夠錢，能回菲律賓開家小商店，別那麼操勞了，

但她離開那天，我想，我一定會哭。

單親

張秀葉（45歲兩岸交流座談座長）和她的女兒（劉偉縈）

對我來說，每天下午四點是最甜蜜最快樂的，那是我騎單車接女兒回來的時刻，她總是在校門口乖乖地等著。1994年，我從上海嫁到台灣，但之後夫妻倆個人似地暴力相向，最終以離婚收場。還好，我爭取到了女兒的監護權。我在這裡無親無故，她是我唯一的家人，特別是我在37歲才生下她，對這個生命更加珍惜。雖然我們住的這間每月租金7,000元的房子小又舊，但我們母女過得很自在，每天都開心地對方彼此的擁抱；沒人會干擾我們。她很懂事、很活潑，是我生活最大的寄託；看著她平安快樂地長大是我最大的幸福。

老夫老妻

朱國華（81歲 退休）和他的老伴（黃達珍63歲）

大陸淪陷後，我一個人隨著部隊來台，家鄉的親人音訊全無，19歲的第一次婚姻也就沒了。我在台灣就這麼當了快五十年的「王老五」，直到70歲時，經同學介紹，我找到了我現在的老伴。那天起，日子不就不同囉！我在台灣也有了家人。我還帶她去環島旅行，順便拜訪以前的老戰友。她都捨不得吃好吃的，我有時會覺得她很嘮叨，但我喝酒後，臉紅了、話也多了起來，她卻覺得我那個時候很有趣。不就是拌拌嘴嗎？這是我的第二春，也是她的第二春，老夫老妻的，在這個老社區裡相互照顧、相依為命。 ■

灶神在家

的滋味

從小，我就知道每家的灶神都遊歷四方、各顯神通。研究食譜，有如追蹤灶神的百家姓。

文—韓良露

從童年開始，我就知道每家灶神都愛吃不同的東西。像爸爸的灶神，是從他老家江蘇南通帶來台北的，這個灶神愛吃江北煮得爛糊糊的麵，愛吃冬季裡過霜熬得稠兮兮的白菜，也愛用好多大蒜煮出來的紅燒黃魚，在台北沒有東海的黃魚賣，爸爸只好買金門的大黃魚來祭灶神和他自己的五臟廟。

飄洋而來的口味

爸爸的灶神見多識廣，愛吃他鄉下老家用兩片厚厚蓮藕夾碎肉炸出來的肉餅，也愛吃過了長江的各種江南滋味，灶神和爸爸一起去過蘇州、南京、揚州、上海……忘不了蘇州拆蟹粉煮出的菜心、南京秦淮的鹽水鴨、揚州的獅子頭、上海的蔥燉鯽魚，爸爸的灶神也愛喝上海白俄人的洋水，像羅宋湯、忌司焗明蝦。

爸爸的灶神不是天天上工，因為爸爸是董事長，有時會在外工作應酬，但當爸爸有空時，灶神可就忙壞了——爸爸有時買來一隻野生的甲魚或河鰻，灶神就得陪著他好幾小時用秋天新上市現剝的栗子燒河鰻燉甲魚。爸爸興起時，還要灶神陪他熬夜，用果汁機打泡過水的黃豆，用棉布濾渣，讓我們全家一大早起來就有新鮮的豆漿喝，還有剛蒸好的肉包子。

爸爸的灶神很喜歡請客，有一次爸爸在冬天買了一隻黑羊，在那年除夕晚開了好幾鍋涮羊肉，請爸爸那一船跟他從老家逃難來台灣的弟兄。我生日時爸爸的灶神也賣力演出，炸豬排、焗馬鈴薯、烤巧克力蛋糕，爸爸的灶神武藝高強，把我的小朋友同學都收拾得服服貼貼。

爸爸的灶神做工很專業，但心態卻是業餘的，因為爸爸是老爺，愛吃愛做全憑己意，有時爸爸的灶神回天上去玩了，那時爸爸就天天帶我們上館子，吃江浙菜、北京菜、上海西餐，還有爸爸的新歡：香港海鮮。

平常家裡爸爸的灶神不上工時，就輪到在我們家幫傭的周媽媽的灶神演出，這個灶神是從廣東汕頭來的。周媽媽說，她的灶神以前也是在自家的大戶中主饋的，但跟著周媽媽來到台灣後家道中落，得跟她到別人家幫廚。

周媽媽的灶神有著嶺南的味道，像泥鰍鑽豆腐這樣的菜，就充滿了嶺南水田的回憶，雖然這道菜中也有周媽媽傷感的生命往事。周媽媽的灶神也愛做些奇怪的小菜，像韭菜炒鴨血、酸菜焗魚腸、鹹魚蒸肉餅，都特別適合送飯，因為周媽媽要等我們這些小孩吃飽飯後就得帶灶神回家去餵她自己的小孩。

周媽媽的灶神任勞任怨，但她做工是為了養一家活口，因此周媽媽的灶神很少即興演出，也不愛做大菜，做大菜是爸爸灶神的事，周媽媽的灶神是公務員，上午來，晚上走，有一種無奈但認命的家常滋味。

眾神功力比一比

爸爸的灶神有個情敵，經常跟著阿媽一起來我家爭風吃醋。阿媽的灶神據說祖上老家在廈門，但這一輩子落籍台南，如今跟阿媽一起搬來北投。平常阿媽的灶神和爸爸的灶神，一個住舊北投，一個住新北投，彼此相安無事，井水不犯河水。但當阿媽的灶神從舊北投市場買了一大堆菜，風塵僕僕地提到新北投女兒家中時，爸爸的灶神就沒好日子過了。首先，阿媽會對著冰箱一陣數落爸爸灶神做的菜不好吃，把剩菜（那可是爸爸的灶神的寶貝）丟掉，然後換阿媽的灶神主灶，完全是一副爭奇鬥艷的模樣，把阿媽老家台南的各種有名大菜搬上陣，河鰻燉成了當歸河鰻、醬燒青蟹改成了紅蟳米糕、砂鍋獅子頭變成了佛跳牆……阿媽的灶神可不是普通貨色，當年可是跟湄州的媽祖是結拜的姊妹。

阿媽的灶神的這番

表現，完全是在和媽媽拋媚眼，要讓爸爸的灶神眼睜睜看到阿媽的女兒開懷大吃，可比吃爸爸的灶神的手藝時更有胃口。

阿媽的灶神制服媽媽有一套，畢竟媽媽從小吃慣阿媽的灶神做的菜，但我們小孩卻三心兩意，一下子投靠爸爸的灶神，一下子向阿媽的灶神撒嬌，有時我兩邊都不睬，一心只想去外面和鄰居男生玩棒球，讓灶神的菜一旁涼快。

當我有時去阿媽舊北投的家拜訪灶神時，發現在我家大展雌風的灶神，變成了個小家碧玉，愛做各種家庭小料理，因為阿公不愛吃大菜，只喜歡台南小菜配紅露酒。

阿媽的灶神會在靠鐵道的半露天廚房中，用風爐烤烏魚子，切成小片夾白蘿蔔片，小鍋裡燉肉燥，澆在白飯上，要我在廚房外的菜園中現採地瓜葉，剝顆蒜炒一炒，順便給我一串烤香腸吃。

我很喜歡阿媽的灶神在冬天時用米酒蒸甜糯米糕，米酒的香味飄來飄去，對小孩而言充滿早熟的禁忌，也喜歡清晨起來，灶神煎一片鹹魚配白飯，再喝一碗熱騰騰現煮的味噌豆腐湯。

等我長大後，才知道阿媽的灶神不僅系出廈門和台南，還和漢料理的日本血統，一直到今天，複雜的中日糾葛與兩岸情結都還在我的胃口中爭風吃醋。

尋找灶神遊歷的蹤跡

從小，我就知道每家的灶神都遊歷四方、各顯神通。北投溫泉路老家附近住了

不少媽媽的同事，每家都供有自己的灶神，那個年代，大家都住平房，灶神的滋味很容易出牆。我沿著各家的小巷中行走，一下子聞到曾老師家來自湖南的灶神在炒豆豉辣椒，想到她家灶神做的蒜苔湖南臘肉，我就流口水，還好我跟曾老師的女兒小毛是好朋友，我推開院子的門進去找她玩，往往就玩到晚餐桌上。

高老師家的灶神下起白菜水餃，也是很引誘人的，高老師的丈夫看到我，就會叫我進去一塊吃水餃，我學他口裡放一顆剝好的生蒜頭，再放一粒水餃，一咬辣得我流眼淚，我逞著強，連吃了十幾粒蒜頭連水餃，但高老師跟我同齡的兒子卻有山東大漢的豪情，可以一次吃五十粒水餃連蒜頭，只可惜那時電視上還沒有大胃王比賽。高老師家的灶神滋味媽媽最怕，每次我回家，媽媽都大聲小聲說我怎麼渾身大蒜味，不准我對著她的臉呼氣。

我一直對各家灶神的來歷興趣很大，促使我開始研究食譜，有如追蹤灶神的百家姓。在大學時認識了個男朋友，去他家吃艾草糕、粉豆腐、鹹豬肉、霉乾扣肉，經我考證，我認為他家的灶神恐怕來自客家，但男友否認，說他是江西興國人。他從小認定的客家人都來自新竹北埔、高雄美濃，但我只憑飲食就斷定他是客家人未免荒謬，我一再叫他回家問，終於他的父親說他的媽媽的確是江西的客家人。

灶神也許隱姓埋名，但灶神從來不說謊，每一家的滋味，灶神可都是記得清清楚楚，在灶神的世界裡，各家爐火上都供著祖宗八代的家譜。

本文作者為作家

爲什麼要逃家？

所有逃家的人，其實都在尋找回家的路。

文—莊慧秋

在某個婦女網站的討論區裡，一位母親傷心的留言：

我是一個單親媽媽，我的先生在六年前外遇，我選擇逃離家庭並獨自帶著三個小孩生活。這幾年小孩進入青春期，老大很愛漂亮，在國小階段她就像個天使一般可人，但自從國中後受到同儕影響，她對功課越來越不重視，這半年來已經有三次逃家，且每次均是不聲不響的，讓我相當頭疼。

今天她又突然逃家，而且完全不接電話，我好心疼又不知該如何處理，每次都想報警，又擔心會不會對她的一生有何影響？罵她、打她，她已經比我還高了，怕她離我越來越遠，只好更溫和對待，卻又怕因此失去約束力，說實在的我已經不知道該如何跟她互動了。

爲了讓孩子們能享有一般家庭的生活，我加倍努力，但我的女兒仍然離我遠去，我不懂，她爲何不能體諒媽媽的辛苦，我只能在夜深人靜時借酒澆愁，我告訴自己，她只是一時糊塗，但說實在的，我已經不知該如何走下去，常常浮現一了百了的念頭……。

可以聽我說說話嗎？

在簡單的字裡行間，她的痛苦如此清晰。她不明白孩子爲何要逃家；她努力想建立一個母子相依爲命的家，女兒卻以無情的逃離，將母親心中「家」的夢想撕得粉碎。

孩子真的不懂媽媽的苦心嗎？一個年輕網友以親身的感受，回應那位母親的心情：「媽媽老是訴說自己有多苦

又多苦，全都是爲了我們這些小□□聽了教人頭皮發麻，眞是個沉重的負擔，好像自己的快樂變成一種罪惡，那種生活眞的很難過，所以就會想盡辦法早早逃離。」

另一個網友也熱心地現身說法：「現在有很多像我這樣年齡的孩子，不願意說出心裡的話，原因就是出在，你沒站在他的立場爲他想想，其實我們長大了，就會明白母親的辛苦。母親希望自己孩子好，就要多聽聽孩子說話，不要否定他們，像這樣的孩子需要的是有人在一旁支持他，也許他不是眞的壞，只是你不了解他，你的責備他不懂那是關心，在他耳裡聽起來就是辱罵，因爲我都是過來人。」

人們經常歌頌父母含辛茹苦和偉大，對家庭投射了許多美好的想望，我們希望家是溫暖的港灣，是讓人感覺依戀、安全、放鬆自在、可以親密交流的心靈之鄉，但其實家家有本難念的經，在現實生活中，沒有一個家庭是完美的，每個家庭都有著不快樂的小小角落，甚至存在著某些幽暗難解的危機或陰影。

一個朋友提到她中學時代經常蹺家，當時父親長年臥病在家，脾氣陰晴不定，母親有了外遇，從另一個男人的臂彎裡尋找愛情的溫暖，家中的氣氛就像漂浮著沉默的地雷，隨時可能爆發。年少的她無法承擔父母之間糾纏不清的恩怨，只能不時逃到同學家中，以嬉鬧來尋求短暫的快樂時光。

根據兒童福利聯盟的調查，生活在都會地區的國小高年級孩子，約四分之一曾經有過離家出走的念頭，非常想離家的則有十分之一。「失蹤兒童少年資料管理中心」的研究也發現，最近幾年，年輕孩子逃家的情形越來越多，光是警政署2003年受理協尋的人口統計，離家出走的青少年高達12,012人，尤其國二和高二階段，可說是孩子逃家的高峰期。

同一屋簷下的陌生人

過去，心理學家經常以「功能失調的家庭」來解釋青少年的種種問題，聽起來很像把家庭比喻成一部機器，因年久失修或運轉不靈光而嘎嘎作響。尤其，每每分析起家庭功能失調的原因，總是跟單親、離婚、貧窮、隔代養育畫上等號，這其實有點不太公平，往往讓這些原本就居於社會弱勢的家庭，還要蒙上被懷疑看待的污名和陰影。

日本知名心理治療師河合隼雄，曾於2004年來台訪問，他認爲現代家庭面臨著一個重大挑戰，就是「關係性的喪失」。在過去物質生活並不寬裕的

當「家」失去溫暖、關心和支持的意義，它就不再值得眷戀，反而讓人急急想要逃離。

年代，一點點簡單的事物就可以讓全家人充滿期待，父親偶爾出外旅行，帶回來一小盒點心，也會讓孩子高興地又叫又跳。現在的小家庭人口簡單，經濟富裕，但所面對的問題卻複雜許多，一家人經常各忙各的，彼此的生活沒有太多交集，甚至一天裡說不上幾句話，好像同住在一個屋簷下的陌生人。

關係性的喪失，讓家人成了各自孤獨的靈魂。即使住在華麗昂貴的豪宅大廈中，美麗的女主人還是可能會得憂鬱症，看似幸福的孩子還是可能離家出走，以逃避家中冰冷空洞的氣息。在日本街頭流浪的援交少女，很多人都來自正常的家庭，但她們在家中卻「找不到存在感」，只好在其他逃家少女群體中，去追尋彼此了解的歸屬感。

Beatles合唱團在六〇年代有一首引起爭議的歌曲〈She Is Leaving Home〉（她正離家而去），這首歌的靈感來自一則新聞，一位少女離家出走，她的父母錯愕地表示：「我們什麼都給了她，真不知道她為什麼要離家。」父母們真的以為認真工作賺錢，車子房子家電用品一應俱全，孩子就算擁有一切了嗎？Beatles透過這首歌，為千千萬萬物質從不匱乏、心靈卻無比空虛的孩子們，唱出了最深沉的心聲。

相反地，在單親而貧窮的小小屋子裡，如果家人之間很親密，經常分享交流，這分穩固的情感會將家人的心緊緊連結在一起。真正維繫家庭的不是婚姻的法律合約，而是家人之間所表達出來的關愛、信任和忠誠。

逃家者的回家之路

心理學家以「推力」和「拉力」來解釋青少年離家出走現象的成因。家庭的困擾、學校的問題，會形成一種往外推的力量，把孩子的心推出家門；而同儕的影響、外界的誘惑則是一種「拉力」，拉著孩子的腳步往外走去。如果家庭缺乏讓孩子依戀的穩固力量，這一推一拉的作用力，就會讓逃家的孩子漸行漸遠。

Beatniks攝影

其實，逃家並不是青春期孩子的專利，在家庭中找不到位置的邊緣人，也常有逃家的衝動。畢恆達在《空間就是性別》書中指出，對於家庭主婦來說，「家」既是一個情感的歸屬，也是工作勞動的地方，當家人與她發生爭執、衝突、不愉快的時候，她傾向以離家來宣洩情緒。有些女性很早就渴望結婚，希望藉此逃離父母的家；天主教善牧基金會也發現，許多外籍新娘在家中不但被當作外傭使喚，甚至遭到先生或公婆虐待，使得逃家的外籍新娘越來越多。

當「家」失去溫暖、關心和支持的意義，它就不再值得眷戀，反而讓人急急想要逃離。

白先勇的《孽子》，應該是最具代表性的逃家小說了。身為同志，在家裡只能躲在暗櫃中，逃家之後，仍然只能飄游在社會邊緣的角落，在夜晚的國度裡相互依偎取暖。同志的逃家故事一直到現在仍在不斷搬演。在同志諮詢熱線的網站上，有一封男同志寫給父母的信：

爸、媽：其實，我老早以前就離家出走了，在你們心中，我還是那一個沉默聽話的乖孩子的時候。十九歲那年夏天，我等待著負笈北上讀大學，在黃昏的海邊，卻遇上此生最大的孤獨。我記得周身圍繞著川流不息的情侶和家人，像浪潮一般席捲而來，所謂的「執子之手，與子偕老」，簡單的幸福於我，卻如天邊落日般遙不可及……。

北上之後，離鄉同學的眼睛總在想家的夜裡噙著淚光，我的眼睛卻是乾枯的：心中清楚我是同志，而同志是沒有家的。……長大之後，你總不解為何我總在明處沉默著，不讓你們看到我暗處的身影。離家是一種不得不的選擇，只是有時候一個人在暗夜的公園黑街巡邏，看著遠方溫暖的燈火，心中依稀仍有一股強烈的對家的渴望，而從黑夜擺渡到天明，星子不知墜落凡幾，誰又是那一個能將完整的我擁入懷裡的家人呢？

所有逃家的人，都在尋找回家的路。而我們聽過最動人的逃家故事，就發生在奧運金牌國手陳詩欣和她父親之間。當陳詩欣承受不了父親的嚴格訓練和期待，以及過早來臨的榮耀和光芒，她逃了三年，寧可在餐廳當小妹，在路邊攤賣檳榔，獨力在社會中討生活。女兒的叛逆讓嚴父開始反省，陳偉雄塞給女兒一本存摺，要她好好照顧自己，自己則去報名成長課程，學習了解新世代的想法，思考如何做個稱職的父親。

離家三年後，陳詩欣在父親生日那天，提著蛋糕在門外徘徊，終於鼓起勇氣重新走進家門。三年的歷練讓女兒嘗盡社會冷暖，學會思考自己的未來，也讓父親看見兩代之間的鴻溝，以柔軟的心來修改「望女成鳳」的真義。逃家又復返的旅程，讓父女兩代都得到成長。

「我的家庭／我誕生的地方／有我童年時期最美的時光／那是後來我逃出的地方／也是我現在眼淚歸去的方向。」正如羅大佑的這首歌〈家〉，但願每一個曾經逃家的人，都可以早日踏上回家的溫暖歸途。 ■

本文作者為心靈工坊文化公司企畫總監

溫州街68巷10號

回家的夢，最常出現在旅途中。夢裡的巷子空無一人。

文・圖片提供—陳文玲

院子有棵榕樹，是我出生那年種下的，唸小學的時候，已經長成很大一棵。

屋宇僅僅是遮風躲雨的地方，而家卻是人內在生命的實質表現。家是我們隔絕外界風暴的基地，讓我們得以應付和假想真正的災難。

——黛安・艾克曼《心靈深戲》

實情卻非如此，家正是風暴之所在。

六〇年代，溫州街68巷是一條死巷。巷口有間雜貨店和麵店，巷尾住著用竹籬笆圍起來的大叢杜鵑、牽牛和葉教官一家人。冬天，賣麵線的、賣肉粽的和烤番薯的，每天定時來巷子裡轉兩圈；到了夏天，原班人馬改賣起叭卜和刨冰，一樣受歡迎。對門單數號數過來，是把養女當作下女使喚的林家，熱天下午院子裡會傳出鼾聲的章家，老是對鄰居小女孩動手動腳的黃老頭和印象中永遠大門深鎖的吳家。靠我家雙數號這排，有先生去法國工作有了別人的沈家，太太每天以淚洗面的胡家，時常傳來小孩挨打哀嚎聲音的石家和爸爸跟我的家。

跟溫州街其他巷子一樣，68巷是個表面上平靜和諧、骨子裡保守封閉的外省社區。寫完《多桑與紅玫瑰》，我和巷尾葉教官意外相認。葉教官說，有一年我娘叫了輛三輪車回溫州街看我們，引來左鄰右舍一陣騷動，因為「除了在電視上，還沒看過那麼流行的捲捲頭和那麼貼身的旗袍呢」。停頓一下，她說我小時候逢人就問好，但總是低著頭匆匆地進門，對面的章媽媽時常惋惜地跟其他人說：「沒有媽媽的孩子真可憐吶！」

我家是典型的日式榻榻米平房，本來只有一房一廳和

小小的院子，婚後媽媽一家搬了進來，爸爸請人在屋子前後各搭出一間，還在院子裡加蓋了廚房和浴廁。爸爸說，我們家一度住過六個大人、四個小孩、一條狗和一窩雞，其中最少在家的，就是經常出差的爸爸和一聽說爸爸出差就往外跑的媽媽。但自從我有記憶以來，這個家幾乎就只有我和爸爸兩個人。

睡覺的時候，老是聽見地板或屋頂傳來吱吱喳喳的聲音，但對於小時候的我來說，最可怕的還是半夜一個人上廁所，因爲我得推開紗門、走下階梯、摸黑走進院子裡，當我打開廚房燈的時候，通常已經有十幾隻蟑螂在牆壁上蓄勢待發了。白天的家也不見得平靜，院子裡石頭砌成的魚缸曾經養過幾尾金魚，有一天，每條魚都被人截成兩半、浮屍水面，爸爸認爲是石家男孩翻牆搞的鬼，跑去告狀，當天晚上，就聽見隔壁傳來怒罵追打聲，雖然如此，後來養魚的下場還是一樣。

院子有棵榕樹，是我出生那年種下的，唸小學的時候，已經長成很大一棵。我在院子裡呆坐，看著這棵跟我同齡的樹，心想，它不動如山，但我卻可以逃走。

你找回童年唯一的方是就是失去它。魚兒不知道海洋在哪裡——除非你把他抓出來，丟到滾燙的沙灘上，這樣他就知道海洋在哪裡了。

——奧修《成熟》

最初我小心地逃，逃到電玩店裡，錢花完了就回學校，爸爸並不知道我蹺家。再大一點，我逃到媽媽跟別人的家裡，逃到日月潭林叔叔家裡，逃到美國去讀書，爸爸終於意識到我想離開，但篤定相信我一定會回來。事實也是如此，我抱著決心出門，可是門外總找不到安頓，青春就這樣在家和世界兩端不斷地來回飄盪。三十多歲，終於搬出來自己住，爸爸驚覺我要逃的不是家、而是他，半年內瘦了近十公斤。我咬著牙不回家，一年兩次帶著爸爸一起往國外逃。

因爲從胃的深處不斷冒出罪惡感泡泡，和爸爸旅行的時候總是小心翼翼地。我們住在琵琶湖畔高樓裡，爸爸午睡剛醒，坐在沙發上說起他的犧牲和我的背棄，我低下頭，假裝反省，另外一個我卻飄離身體，來到窗邊，遠眺秋日湖景，《神隱少女》裡面的親子關係多麼傳神啊，不知不覺的父母推開了敏感壓抑的小孩。

我抬頭看著這個用力把我帶大的男人，對他說：「爸爸，小孩長大是很

辛苦、很孤單的。這麼多年來，有些事我始終沒有告訴你，因為不想讓你擔心。」比方說，在那個我和爸爸兩個人的家裡，曾經有過一個後媽，某天早晨醒來，撞見他們正在親熱，當時爸爸背對我，她則看見了我，沒有停下來的意思，只是一直看著我，直到我安靜地躺回床腳。比方說，爸爸一出門，後媽就把我叫去房間裡，問我最近有沒有見到我媽？她把皮帶從爸爸的西褲裡抽出來，邊打邊問：「妳爸爸到底去哪裡了？」「他是不是去找妳媽媽？」打完，她恐嚇我不可以告狀，「因為我耳朵裡裝了一個竊聽器，妳跟妳爸爸說什麼我都會聽見。」比方說，後媽有個正在讀國中的兒子，常趁家裡沒有別人的時候來纏我，問我：「妳有沒有看過大人疊在一起啊？」還要我跟他有樣學樣，我很困惑，但我沒有別的玩伴，於是我為他守密。

說完這些，爸爸激動地說：「哪有這種事？」但眼角有點濕，然後我們就不再交談，《神隱少女》的主題曲在耳邊悠然響起，我知道我們都聽見了。

我們去拉斯維加斯過年。這是地球上最無聊的城市，但是個取悅爸爸的好方法。爸爸帶我逛賭場，對其中幾間尤其如數家珍，「過去這裡有一整排輪盤。」「以前這兩邊是打通的，沒有這道門。」「這就是那年我押中五百美金的檯子。」換了幾百個銅板，爸爸盯著吃角子老虎的專注挺嚇人的，就算在當年馬小姐、趙小姐和孫小姐任內，我也不曾見過如此深情的他。為他挑西裝、配領帶是我送爸爸出門約會的樂趣之一，我還規定約會的進度（但退縮的爸爸總是嚴重落後），決定用餐時點播的曲目，甚至為他在《中央日報》上寫過一則徵婚啟事。

我趁爸爸小贏聊起他的情史，跟後媽離婚以後，他認識了一個金華市場菜販的女兒，白天在圓山飯店上班。爸

爸去圓山找她，她帶著他四處參觀，還在他生日時送來一個大蛋糕。「但，這次是被妳搞砸的！」爸爸對我說，我嚇一跳。「中秋節，她約我去台大校園賞月，後來我送她回家。回家以後，她打電話來找我，妳說：『爸爸去打牌了。』之後，她就不肯再見我了。」我問：「那，那天你到底去哪裡了？」爸爸說：「我去沈家打牌啊。」我笑翻，這樣也好意思怪我。

他沉下臉，一本正經地說：「這次回去，我要寫一本書，書名叫做『三個半壞女人』，一個是我媽媽，一個是妳媽媽，一個是妳後媽，半個就是妳。」這是他第一次說小時候被自己媽媽虐待的事。原來爸爸跟我一樣，都是逃家小孩，但我沒有說破。

希臘神話裡，Telemachus可以從遠方眺望父親Odysseus現在的處境。Tomas Wolfe時常提到Telemachus，視之為尋找父親的神話，最後發現了一個冷冰冰的真理：「你不能再回家去了。」

——羅洛·梅《愛與意志》

靠著旅行修補破裂的家，但不管在琵琶湖還是賭城，我都沒有告訴爸爸，在這些年的夢裡，我總是一次一次回到溫州街68巷10號。

回家的夢，最常出現在旅途中。夢裡的巷子空無一人。我從巷口左轉，看見右前方我們家紅底白條的大門，門後面有個木頭信箱，夢裡的我會打開信箱，看看有沒有信，然後走進客廳，輪流去每個房間轉一圈，直到確定爸爸不在家。通常我就夢到這裡，醒來的時候，有點悵然。我也做過好多個找不到家的夢。有時我夢見在溫州街其他的巷子裡迷路了，有時我夢見自己走了好久好久，就是走不到68巷。做了這樣的夢，醒來時會覺得些許慌亂。

在我心裡，家指的不是某棟房子、某戶公寓、某個社區，而是那個特定的，在我長大以後的夢裡反覆出現的溫州街68巷10號，但我一生中住過許多地方，為什麼獨獨把對於家的想望託付給這個地址？

晴朗的冬日午後，我回到溫州街，和預想的一樣，68巷早就打通了，兩邊蓋起四層樓公寓。走在陌生巷子裡，我心裡出奇地波濤洶湧，雖然10號不見了，我卻清楚地看見木門、水溝、泥牆和那棵跟我同年的榕樹，我也清楚地看見我不是來懷舊或道別的，我是來尋找實情的。

實情卻是如此，家正是風暴之所在，但經過淬煉沉澱，剩下來的，就是自己之所在了。　■

本文作者為政治大學廣告系副教授

葉神父夢想的家

只要有愛，家就存在，讓智障者及他們年邁的家長
有一個可以遮風躲雨、安心終老的家園。

文—冼懿穎
攝影—Beatniks

　　沒有消毒藥劑、大小便的味道、沒有被上了手銬穿上制服、理光頭的院生，這裡是「天主教華光智能發展中心」。中心坐落在新竹關西鎮一所天主堂後面，門前還長了幾棵大樹，在寧靜的午後，一位院生就坐在樹蔭下像似在沉思，有時又好奇地看著我們。進來不久，便碰上熱情的偉貞拉著我們走著說：「媽媽！媽媽！」

　　「哈哈……她是個快樂的女孩，『媽媽』就是老師的意思。」彭秀月老師解釋，「這裡老師扮演的角色非常多，早上是老師，下午就像歐巴桑那樣幫他們洗澡。有時候又像媽媽那樣跟他們聊聊天，生病的時候就像醫護人員那樣照顧他們。」

　　「華光」的大家長是一位來自匈牙利天主教耶穌會的葉由根神父，今年已經九十四歲，半個世

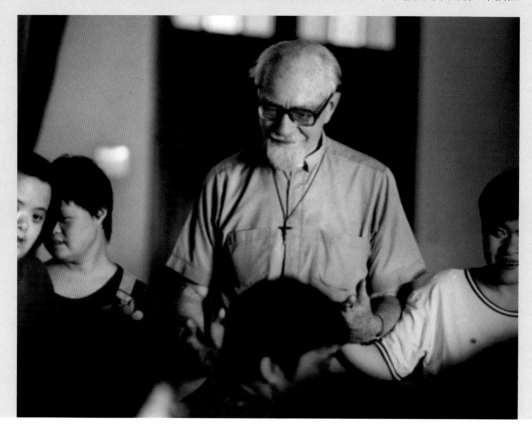

葉由根神父。
（圖片提供：天主教華
光智能發展中心）

這裡是華光福利山莊的選址──一個貼近大自然、「會呼吸」的家。

紀以來把自己奉獻給了台灣貧民和智障小孩。葉神父在關西鎮山區看到了智障孩子在街頭流浪的景象，觸發他於1984年在這裡創辦「華光智能發展中心」。其後，鑒於社會發生了許多由於家庭無法負荷教養智障者而起的家庭悲劇，讓葉神父顧念到家長一旦年老，這些智障小孩的未來便會失去依靠，於是又發揮了他「無中生有」的精神，開始構想興建「華光福利山莊」，讓智障者以及他們年邁的家長有一個可以遮風躲雨、安心終老的家園。

從一開始只有六個院生，到現在「華光」已經是智障者、多重障礙者、自閉症等二百七十位院生的家。他們的年齡介於兩歲到六十七歲，家庭功能比較薄弱的占三分之二，可能是因為父母年老，或家人沒辦法照顧他們。有好些是遺傳性的個案，像兄弟姊妹檔，也有丈夫過世，智障的妻子和孩子一家被安排來這裡居住。「我們常常會講說：『我回家了』，我們也希望智障的孩子也可以有這樣的情況。一般人可以靠自己成家立業，但智障者卻沒有辦法獨立成家，而且，他們的父母一旦離開這個世界就變成沒有依靠。不管那是個團體的家，或是一個人的家，不論用什麼形式，我們都希望可以給孩子一個溫暖的感覺，支持他在『人性化』的環境裡，能夠過他們的家庭生活。」華光中心的吳富美主任說。

不只是一個桃花源

經過十五年來一點一滴的募款，2004年12月「華光福利山莊」終於在關西錦山里動土。福利山莊總面積有3.5公頃，裡面有一條馬武督溪橫過，放眼就是青草地和大樹，晚上還有螢火蟲。吳主任說：「我們不是要給孩子一個桃花源，讓他們與世隔絕，而是希望他們可以融入社會，同時也希望社會人士能融入我們。」「華光」堅持的是一個「無圍牆的家」，它是開放給社區的，而不是要把院生關起來。在保留原有珍貴生態環境的前提下，於福利山莊裡增建森林民宿、休閒設施，提供給外界租用的會議室。如此，院生就有了工作機會，也可以讓他們跟社區人士有相處的機會。吳主任說：「我們不是要社會人士以同情的眼光來看待我們的孩子。」有能力的院生，「華光」會提供他們適合的職業訓練。現在有五十幾個院生在社區裡工作，有些不適合在外面工作的，便安排到中心本部的庇護工場。

縫紉教室裡掛著一幅大拼布，原來就是院生們的集體創作。看著他們用著短短的、有點笨拙的手指，一針針把自己名字繡在拼布上時，便會感受到他們真的很認真地看待自己的「工作」。不管工作是複雜的，還是簡單如

屬於院生個人的衛浴用品。從依賴別人的協助，到學會自己照顧自己，每一個小進步，院生和老師其實都付出了很大的心力。

洗、燙衣服，他們都一律會獲發薪水，他們獲得的不只是金錢，還有尊嚴和自我價值的肯定，「能夠用自己所賺的錢去買東西會讓他們覺得自己很威風。」看到跳蚤市場內由善心人士所捐贈林林總總的物資，我們不禁聯想到智障者不也像這些回收物資那樣，經過整理重新包裝，也就重新有了他存在的意義和價值。

彭老師告訴我們一則感人的案例：一位來自貧窮家庭的院生，父母年老了沒有能力照顧他，剛來的時候他連鞋子都不會穿，後來被安排到農場接受工作訓練。他有了工作能力後便把賺到的錢存起來，到最後家裡妹妹的學費都是由他付的。對彭老師而言，這份工作的意義就是看到院生的生命有所改變：「最重要的是在教學的過程中彼此參與，進入他們的生命中共同成長。經過那麼多年，看到孩子學會搭公車，去上班，一點點的改變也是一個大進步。他們甚至用自己所賺的錢帶父母去菲律賓旅行，家人第一次搭飛機，居然就是這個智障孩子帶他們去的，那個改變有多大的意義！」

我有我的天地

「華光」提供的是由生到死的生涯規畫，當中包括居家生活輔導，除了團體家庭外，最近還開始讓一些有自我照顧能力的院生在社區獨立居住。修士作家多瑪斯‧牟敦（Thomas Merton）說：「至少應該有一個房間或一隅角落，是沒有人會來找你，打擾你，或注意你的。你必須能讓自己與世界切離，放自己自由……。」每個人都需要有那樣的空間，智障人士也是一樣。所謂「獨立居住」，就是會有一位老師跟大約六個院生住在一起，只是老師在院生有需要時才會提供協助。「華光」讓院生自己挑選最喜歡的牆壁顏色、床舖、擺設，希望提供給他們一個獨立的空間，讓他們做自己想做的事情。

十九歲輕度智障的明華自從父親過世後就一直住在「華光」，現在於附近的一個加油站打工。明華告訴我們這

裡是他的家，他可以得到關愛，但同時他也渴望過自由獨立的生活，休假的時候就可以約竹東的朋友出去玩，聽音樂也不會怕吵到別的院生。吳主任說：「我們不會強迫他們一定要怎樣做，如果有更好的選擇，我們也很贊成，希望以孩子的需要爲優先。」要符合獨立居住的條件，包括能夠自理生活，具備金錢、時間的管理能力，遇上人際衝突時懂得怎樣去處理。也就是說即使有工作能力，並不代表就可以讓院生自立，如果他們出去以後，晚睡晚起，最後可能會失掉工作。

這裡是女兒的「婆家」

在中心的走廊上我們遇上了另一位院生鴻偉，他告訴我們他正在「戀愛」中，對象是一位女同學。彭老師笑著說：「他們可能不會了解婚姻的責任是什麼，但他們會知道愛慕、情愫，這些是與生俱來的。另外還有一對談了二十年的戀愛，希望有機會在榕樹下幫他們辦一個很溫馨的婚禮。父母都希望有一天可以看到子女穿著禮服結婚成家，但對智障者的家人來說也許是不可能的，所以在福利山莊動土那天，我們讓父母和他們的孩子一起穿上婚紗走在舞台上。有些父母已經不在，但兄弟姊妹都很接受他們的智障手足，也穿上禮服牽著他們走秀。」

王媽媽的女兒在「華光」生活了二十年，如今已四十歲。每個星期王媽媽不辭勞苦把女兒從關西接回板橋的家。由於年紀漸長，加上患有癲癇症，女兒的機能正逐漸在退步，「雖然家裡的兄弟姊妹都很疼愛她，但照顧她畢竟不是他們的責任，他們也有自己的家庭。我們老了，走得無牽無掛那是騙人的，但起碼希望可以走得安心。現在女兒有什麼需要就盡量提供給她，希望她在『華光』有一個開心的晚年。我覺得『華光』就好像女兒的婆家，哈哈……。」

天性樂觀、說話中氣十足的彭老師是一位類風濕性關節炎患者，她以爽快的腳步領著我們參觀中心本部，沒想到她曾經需要用枴杖才能走路。問彭老師希望「華光」可以爲智障孩子做些什麼時，她說：「我希望學生在這裡可以得到像你我在家可得到的東西——他是被照顧到的，可以讓他有安全感而不會害怕住在這裡；累了有一個窩可以讓他回去，他下班、放學回來隨時會有人爲他開門、等候他；有困難的時候，隨時有人幫助、支持他。他們要的不多，眞的不多。」

彭老師還模仿著葉由根神父的外國腔說：「就如同你們的家人那樣去愛他們。」這是葉神父常掛在口邊的話。爲「華光」舉辦募款活動的志工Jennifer，跟我們談到她眼中的葉神父：「有一次我問葉神父：『你怎樣可以做那麼多事情，幫那麼多的孩子？』他就說：『你只要想自己越小越好。』這句話讓我很感動。」說著說著，Jennifer紅了眼眶，「有一次吃飯，我看到院裡的孩子一直幫神父拿菜，葉神父就跟他們說：『小孩子你們要先吃。』讓我覺得那就像是一個家裡的長輩和孩子同樣的情境，他們的關係是密不可分的，彼此是疼惜彼此的，對孩子來說看到神父就好像看到自己的爺爺。」

想起了歌舞劇《屋頂上的提琴手》裡一首歌的詞：「Far from the home I love, yet there with my love, I'm home.」對於2002年才獲發「外僑永久居留證」的葉神父和「華光」的智障朋友來說，就是「愛」打破了種族與身心的障礙，只要有愛，家就存在。

帶狀家庭

彷彿大爆炸理論中星系間不斷擴大的距離，
一個家庭在時間中成長，增加著成員，
也同時在空間上分散得更遠。

文—張惠菁

　　滑鼠游標靠近電子郵件裡的一個網址連結，朝向那一列難解的符碼，打開的是我妹妹婚禮的網上照相簿。那是發生在距今五個月前的種種。亞馬遜網站的相本功能很方便地把一張張照片排列成系列的事件，用一種新視角重新組合與翻寫記憶。就是少了聲音。於是我一邊瀏覽，一邊在心裡補充當時發生的事。證婚人一時緊張忘詞。頂著寒風穿無袖禮服的伴娘們擠在一塊發抖叫冷。晚宴過後老輩人回家年輕人上場把舞跳開了。這還沒完換了衣服再去Pub續攤。那些喝紅了的臉，半暈開的妝。發生過的事轉換成照片，在螢幕上連續地放映，既濾去了喧鬧，也濾去了寂靜。

　　不知不覺間我們記憶的形式依賴畫面，多過依賴聲音。畫面是扁平的，不占時間，從時間的整體中單獨地切割出一個定格，因此容易檢索翻閱。

　　□

　　我們的核心小家庭，分散在地球表面幾個不同的點上居住，已經有十幾年的歷史。首先造成這種狀況的是我姊姊。她在高中畢業那一年去了美國。然後幾年之內我和妹妹也都陸續出國唸書，或者工作；定居下來，或在看不見的經緯線間遷移，隔著四或八或十二小時的時差。家人關係很多時候依賴視覺的傳輸來維持。姊姊的兒子出生了。我立即知道要等著收e-mail。果然在第二天就收到了，打開附件，跳出一個嬰兒。整個身體紅通通的，臉孔哭得比

身體還要紅一倍，正被放在磅秤上量體重。

不過一開始並不是這樣。1994年，我剛到愛丁堡唸書的時候，跟家人聯絡的方式還是寫信。是真的信喔，不是在電腦上打了字，用網路傳出去的那種。是A4大小信紙上，順著橫格子一行一行寫出來的信，裝在小小的棕色牛皮信封裡，貼上女王頭郵票寄出。剛到異地生活的新鮮，每個禮拜要寫上兩次，一封給在台北的爸媽，一封給在紐約的姊姊。我還記得我到愛丁堡寫的最早幾封信，密集地提到腸胃問題——那時不知為了什麼原因，連拉了兩三個禮拜的肚子，從家裡帶去的正露丸完全沒效。我記得這件事，因為我的姊姊在紐約收到我用開玩笑口氣寫的拉肚子系列報導，而在電梯裡笑得被路人甲側目。異地生活的這個部分，我在給父母親的信裡略過不提，但在給姊姊的信裡則誇大玩笑。說起來，那時我已經把與家人的溝通進行了帶狀的切割，往台北的郵件不談病痛以免懸念，往紐約的則誇大玩笑以免無聊。所以就形成對同一種生活，平淡版與綜藝版兩種報導。其中我想綜藝版報導相當成功，因為紐約那頭的讀者反應非常熱烈（我姊是所有脫口秀主持人的理想觀眾，非常容易被逗笑），以至於我至今想起在愛丁堡那個狹小臨時宿舍裡的生活，受到這個熱烈的讀者影響，老記得那拉肚子的一段。

後來我妹也加入離家遠行去紐約唸書的行列。於是我們家形成台北、紐約、愛丁堡，2：2：1的分布局勢。我在北海岸邊人單勢孤。蘇格蘭風笛失去新奇感，沒辦法再吸引她

們來當觀光客之後，每到家人團聚的時間她們理所當然地策動多數決，決定我是那個應該買機票飛去看她們的人。

我到紐約找她們。被帶著去法拉盛吃小籠包，豆漿燒餅油條，珍珠奶茶。彷彿紐約的專長就在複製另一個地方的味覺，「跟台北的好像」就是對餐廳最大的稱讚（當然她們也帶我去吃了我人生的第一個提拉米蘇）。在她們同住的，澤西市那間可以望見哈德遜河岸的公寓裡，空間凌亂而溫暖，堆滿剛洗回來、摺疊得很隨便的衣服（大部分被當作公有財產，互相借穿），有一種擁擠（兩個人睡床一個人睡地毯上），以及一種理直氣壯的亂序（反正大家本來就一家人，不用像跟室友住那樣禮貌維持公共空間的整潔）。也許是時差的緣故，我有時在夜裡毫無緣故地醒來，身邊的姊妹令人嫉妒地熟睡。我是三人當中最淺眠的人，獨自聽著冰箱運轉的聲響，聞見空氣中還沒散盡的晚餐食物的味道，然後我爬起來看河對岸紐約市的燈火。已經比剛入夜時黯淡多了。她的美麗與危險都是飄忽的。我這樣看著紐約良久。

所以紐約之於我一直有那樣的氣味：從烘衣機裡拿出來的衣服。日本泡麵。略帶異味的冰箱。

也一直有那樣的印象。入夜後從家人的陪伴中落單下來。遠遠望見那黑暗中近乎虛幻的光的所在。

□

後來我回到台北工作居住。一家人又變成台北、美東、美西，3：1：1 的分布。我的姊姊妹妹繼續作為我們核心家庭派駐在外的代表（並且，逐漸形成自己的核心）。很多時候和她們的團聚，是我到她們的城市去旅行或住上一陣子。她們試著當盡責的地主，給我初到城市時的導覽，帶我去一些她們平常不見得會去的地方，舉證說明那城市的生活。而我則趁她們去上班時，建立自己在那城市裡的路線，發現公車班次表，步行，找到幾間她們不

知道的小店，或是在書店裡等她們下班來接。

於是家人關係中的一環，包含了分布在地球表面上、不同地點間的關係。比如你從愛丁堡城南一處僻靜的，春天開滿蘋果花的校園走出來，循著血緣的連結關係去往另一個城市。可以稱之為家的，不再是一個固定的地址了。你移動著，她們也移動著。家人關係的面對面實現，包含了兩個地方的相對位置。從暑熱蒸騰的台北，進入舊金山穿厚外套的八月（我因為誤判氣候少帶了衣服，整整兩個禮拜從妹妹的衣櫃裡翻毛衣穿，就像從前我們還住在一起時，那個公有制的時代……）。離開敞亮的機場，走進陰暗的地下鐵，正坐在椅子一枚油漆塗鴉的符號上。陌生的城市，顏色與氣味都不同了。你和家人之間的關係，也受到那空間的影響。

之後我們都各自成為自己生活的核心了，沒有太多互相拜訪的機會。不過我是其中最有可能隨時辭掉工作，唐突地走進她們生活的人，而她們總是為我的唐突提供住所。在我身邊，像我們這樣分居各地的家庭其實不少。彷彿大爆炸理論中星系間不斷擴大的距離，一個家庭在時間中成長，增加著成員，也同時在空間上分散得更遠。我們屬於幾乎沒有「祖厝」空間經驗的一代，出生成長就是在父母輩藉由離開他們的家族而建立起來的核心小家庭，未來也不會有把一個空間當作代代永恆居住之所的想像。

於是家人關係是受著遷徙移動影響的。不是像傳統大家庭住在祖厝那樣單點的，而是各個成員在不同城市構成的點與點之間的帶狀，或網狀關係。短短幾年內用網路傳數位照片已經變成家人聯繫的重要部分。我媽因此學會使用電腦的上下頁鍵看照片，然後打電話去美國訓我姊在照片中抱孩子的方法不對。這樣，大概也算是找到了遠距教學，傳承生活知識的方法——藉由螢幕上那些其實已經不受打擾的，在拍攝當下便已完整自足的時間。 ∎

本文作者為作家

「家」的學問

在中國，隨著婚姻關係以及父權體制的確立，
「家」也開始在固定的模式下衍生出許多附加產物，
家書、家產、家譜、家訓、家規、家法、家風、家教、
家塾、家學、傳家寶等事物便應運而生。

文—墨壘

家書

「家書」是家人之間的信件，對象的組合通常是父與子、叔與姪或兄與弟。通常需要使用書信來作為家人之間互通有無的工具，正在於家人之間已經產生了距離。這個距離既可以是實體的，也可以是心理的。諸葛亮寫信給兒子（〈誡子書〉），那是出於父親對兒子的關愛與期待；東漢名將馬援寫信給姪子（〈誡兄子嚴敦書〉），那是出於叔叔對姪子的告誡與教誨；蘇東坡寫信給蘇轍（〈與子由書〉），那是出於兄長希望弟弟能夠對遭到貶謫的兄長之處境放心與安心。

在烽火連天、戰亂頻仍而致家人離散的歲月裡，家書是一劑溫暖的強心針，而這樣的書寫則是由實體的距離所造成的。因此詩人杜甫作詩感嘆：「國破山河在，城春草木深。……烽火連三月，家書抵萬金。」在妻離子散的年代裡，萬金又算得了什麼！

家產

然而在心理的距離之前，實體的距離又算得了什麼呢！實體的距離，是出於無可奈何的外在環境之變動；而心理的距離，卻產生於人們自我內心的封閉與利益考量。「家產」的爭奪，則往往是心理距離形成的主因，同時也是致使父子失和與兄弟反目的催化劑。西周開始，上自天子，下至士人，都實行宗法制度，以血緣關係為紐帶，將同一血緣的人們聚集起來，同居共財。宗族內分大、小宗，宗子由正嫡擔任，具有特殊權力，宗族成員都必須聽從宗主的命令行事。因此，宗主死後由誰繼承便也成為一件爭端的源頭。古人因此告誡必須早日確定繼承人選，使其他人斷絕念頭，從而遠離家庭災難。秦國因早期實施商鞅變法，因此男子成年後需與父親分居，成為法定準則。秦國統一天下後，實施郡縣制，宗法制度遂告消失。漢朝時，蕭何制定律法，宗法變為戶法，戶長開始成為一家之主。家產分配的問題，也就普遍成了父子、兄弟之間不和的導火線。

家譜

東漢時期，隨著經學取仕而逐漸產生了累世公卿的世家大族，也即士族。此外，政府也將「察舉」作為一種取仕的方式，而參與察舉的人員則正是由士族等有身分地位的社會人仕擔任，政府憑藉著他們對人物的評論而選拔人才。而士族等察舉人才的範圍自然也只局限於自己的階層及圈圈之中，逐漸的，這個網絡也就因此越來越密、越來越大，國家的權力也就逐漸地集中在少數的家族之中。

到曹丕實行九品中正制之後，以籍貫、門第取仕開始成為正規程序，是稱門選。門選也促成了世家大族對認宗、聯宗、聯姻的嚴格把關，以防低門第者以此擠入高門第。政治資源因此累世集中於世家大族之手，形成了「下品無士族，上品無寒門」的局面。而「家譜」這種表示自己出身門第的資料、證書，便也開始受到世家大族的重視，政府更因此而設置了「譜局、譜庫」，專門編修及收藏譜牒，以便於隨時核查個人的出身。而個人與家人親屬的距離，也就在家譜的體系之中被無形中拉近了許多。

家訓、家規、家法

另一方面，也正因為世家大族的興起，家族中的人口逐漸增多，從而產生了管理上的問題。因此，「家訓」一類著作便順勢而出，其中顏之推的《顏氏家訓》是其中較有名的著作。而這一路發展下去，家訓中記載的事項也逐漸地演變而為「家規、家法」。

到了宋朝，因為禮教的盛行，使得名譽、名聲被看得比人的生命還要重要，家規、家法也便趨於嚴厲及更不近人情，甚至出現了規定子女出遊時不得超過二十里的家法，是孔子「父母在，不遠遊」孝道觀念的極端化。而據《宋史》記載，陸象山每天早晨都要率領全家人宣讀《家訓》，以對子弟進行家規家法的教育，如果子弟違犯了《家訓》，便要受到嚴厲的家法懲罰。霍滔的《霍渭崖家訓》更規定：「子孫有過，俱於朔望告於祠堂，鳴罰罪，初犯十板，再犯責二十，三犯三十。」

家風

而也正因為禮教的盛行，因此「家風」也就在一瞬間具有了極端的重要性，以致到了明朝的吳麟徵要在《家誡要言》中說出「家業事小，門戶事大」這樣的話了。因為當時的人們普遍認為，一個家庭即便再富有，如果有了不好的家風，在社會上也要抬不起頭。

家教、家塾

正因如此，除了家規、家法之外，「家教」也成了人們目光的聚焦之處。追源溯本，家教又有胎教、身教、言教幾種，而最有名的例子則莫過於戰國時代的孟母三遷，以及南宋岳飛的精忠報國故事。而家庭教育受到唐朝以來推行科舉制度的影響，一些人家為了使子孫能進入仕途，便結合數家或全族的力量，延攬名師在家中辦起「家塾」來，以方便隨時對子女進行進階仕途的教育訓練。

家學、傳家寶

而在科舉取仕之前的魏晉南北朝，由於受到學校教育的興衰起落不定及家塾觀念尚未興起等因素的影響，因此當官者為了使官位獲得世襲，除了加強家庭教育之外，更累積自身的經驗以成為「家學」，更有甚者是對家學的內容施以嚴格保密的措施，使得家學只能在家族甚至父子之中流傳，而取代了房屋田產成為更有價值的知識財產，最終演變成了「傳家寶」。

其中，東漢劉歆承傳父親劉向的經學造詣，或者清朝的王引之承傳父親王念孫的考據學造詣，都是家學傳承的著名例子。然而這種公開的學問，是很難祕而不露的，因此還不足以成為傳家寶。真正祕而不傳的例子，或者當推南朝宋時王淮之的家學。他曾積極收集南朝舊事的檔案資料，並從中研習獲悉許多朝廷制度，最後更僅限於世代相傳，使子孫都當了大官。而因這些資料被他密封於青箱之中，因而被稱為「王氏青箱學」。此外，南齊的傅琰一家也是如此，史書稱其：「父子並著奇績，江左鮮有，世云諸傳有《治縣譜》，子孫相傳，不以示人。」因而被史家歸為良政一類。

然而，也正是因為這些傳家寶之類的家學，只在家族甚至父子之間流傳，因此這些知識與外人之間也就在無形之中生出了隔膜；使人們終究無法逾越血緣的距離以一窺這些傳家之學的堂奧，而這些讓子孫得以安身立命的知識也終究無法逾越血緣的距離而為外人所知，並從而流傳千古。知識與文化於是便在濃於水的血緣關係的制約下，容易被凝固、局限在一家之中，無法逃脫。而知識與人的距離，也就在家的阻隔下被拉遠了。

家學的新意義

中國進入近代之後，由於西學東漸，由於學校制度的出現，由於戰亂與流離，由於知識的爆炸，家學的意義與作用，一路煙消雲散。

但是進入二十一世紀，隨著網路開放了知識的無限延伸與自由取得，隨著學校制度相形之下的落伍與來不及調整，隨著社會價值觀的多元與解放，家學勢必要重新產生意義與作用。

為了讓新生的一代在氾濫的資訊與知識中能及早擁有篩選的能力，為了彌補學校制度的不足，為了在多元形同混亂的價值觀中建立自己的抉擇，家庭裡普遍知識水準已經大幅提高的父母，理應對「家學」有新的體會與實踐。而這些體會與實踐，一定不能僅止於輔助子女面對學校與考試制度的需求。▨

PART 4
鄉

鄉關何處

只有在鄉愁與旅途之中，「家」才能展現最深刻的美好，
故鄉也才能像一個隱形的錨，深深的維繫住遊子的思念。

文—徐淑卿

他為什麼還要我們記住這永遠不可能回去的原籍？

之一　兩個家鄉

許多年前，一位學長曾跟我抱怨，學校要求在入學資料中填寫曾祖父的名字，實在是太嚴苛了，「誰會記得曾祖父的名字？」

我聽了也很訝異，但我的訝異在於發覺我們成長的環境如此不同。在我很小的時候，祖父就會半哄騙半嚴肅的要求我們背誦十七代祖先的名字，後來隨著年歲漸增而遺忘大半，但是要寫出曾祖乃至高祖的名字是絕無問題的。伴隨著十七代祖先而同時要記得的，是我們廣東家鄉的地址：「廣東省嘉應州鎮平縣興福鄉黃田社中心屋高崁下」，因爲背的時候是用客家話，所以其實不太確定是哪些字，像是「黃田社」，我一直唸成「黃冰沙」，小時候一直覺得這很像一種砂糖的名字。

祖父是渡海來台的第三代，出生在中日簽訂馬關條約之後的1897年，當時雖然已經算是日本統治時期，但他日後在家譜記下自己的生辰時，還是寫著「光緒丁酉年」。我常惋惜和祖父的緣分只有短短十幾年，而且是在最不懂事的時候，否則有些問題我眞想好好的問他。比如說，我聽說他十幾歲的時候，最喜歡做的事情就是走遍苗栗山野，尋訪當年一起從廣東渡海來台的宗親；我也知道在皇民化時期，台灣人必須改成日本姓，他把我們的姓氏改成「福山」，因爲徐姓的堂號是「東海堂」，所謂「福山」暗含了「福如東海，壽比南山」的意思，而在日本投降的那一年，他立刻把自己的名字改爲「漢生」，此後日文極佳的他，幾乎不曾說過一句日語。

如果現在祖父還活著，我就可以問他，爲什麼當年他堅持要我們背誦廣東祖籍的地址？廣東原鄉和他誕生的台灣苗栗對他而言有什麼不同的意義？以當年兩岸的政治局勢，他應該認爲我們和廣東原鄉的關係是不可能接續的，他爲什麼還要我們記住這永遠不可能回去的原籍？

這永遠不可能回去的原籍，在我的心目中，就是永遠不可能回去了，我幾乎沒有萌生過任何「尋根」的念頭。直到有一天，到廣東旅遊的小弟，突然決定到這個我們從小背誦的地址看看，然後他拍了一些照片，其中有幾張是我們十四世祖先的墓地。我看著照片裡的墓碑，想著墓裡的人和我的關係，我背誦過他，我記得他的名字，但我似乎沒有意識到他曾經是真實存在的，就像廣東原鄉的地址，似乎也不曾對我產生任何記得之外的意義，現在看著這些照片，我清清楚楚的明白，沒有這個墓中人就沒有我，浮生一場，一直有個隱形的絲線聯繫著你和你甚至不知道的祖先們。

過了一年就是2004年，台灣要選總統了。選總統之前，我的媽媽、叔叔、嬸嬸不顧自己的高血壓，一定要在大太陽底下參加「228牽手護台灣運動」，這時我也很想問問經歷過幾次改朝換代的祖父，他是怎麼看這個事情的。我猜他對在台灣輪番上演的政治幻術應該了然於心，但他還是會微微頷首一笑，因為經過這麼多年生養於斯，台灣本來就是我們的家，他只是要我們勿忘所來罷了。

之二　移動的家

如果說「家鄉」會跟著不同世代的移徙而改變，「家」是不是也會隨著人不斷的流動而改變？

近幾年我有幾個不同的居所，每次說「回家」指的可能是不同的住處。常常在北京一覺醒來以為在台北，或在台北清晨寤寐當中，彷彿看到窗外在下雪。但是我心裡真正意識到的家，其實是小時候那個家。這些年家族成員時有變動，我返鄉之日也寥寥可數，但是在現實中早已物換星移的那個家，卻始終存在我心裡。

三年前我行走在京都知恩院前，突然聞到刨製木材的味道，讓我激動萬分。小時候住家附近有兩個「製材所」，所以我一直熟悉這樣的氣味，然而隨著「製材所」的搬遷，我幾乎再也沒有聞到這樣的味道，沒想到在他鄉異國，在京都這個與我小時候還殘餘日本風味的苗栗街道非常相似的地方，我又好像回到我心目中永恆的家。

多年來我一直記得這麼兩句詩：「浮生何處非羈旅，休問東吳萬里船。」我一直認為漂泊、流動、移徙是人生的常態，所謂的附著、落葉歸根，除非你真正能夠在心裡找到那種歸屬感，否則所謂的附著不過是形式上的「靜止」，不過是安於生活在熟悉的地方罷了。不過漸漸的，我開始覺察我之所以能夠這樣坦然的認為，人生本來就是一個「處處無家處處家」的過程，是不是因為我沒有真正經歷過流離失所的痛苦？臺靜農在〈記波外翁〉一文中說，波外

翁隻身在台，一年除夕他什麼都不吃，只飲高粱，在燈前他將家人的相片攤在桌上，對工友說：「這都是我的女兒，我也有家啊。」這樣的痛苦我畢竟是不曾懂得的。

我懂得的是，少時以爲尋常的種種家的回憶，如今變成越來越龐大的行囊，一點小小的線索就讓你想起一些早已遺忘的過去，而且隨你東漂西走。有一晚，在北京的電視節目裡，一個韓國團體唱起〈阿里郎〉，字幕還打出中文歌詞。我立刻想到幼年時和妹妹、父親在家裡的榻榻米上說話的情景，我們問平日不苟言笑、剛從韓國出差半年回來的父親，能不能唱一首韓國歌給我們聽，於是父親就用粗啞的嗓子唱起〈阿里郎〉，然後我和妹妹相視一笑，因爲父親實在唱得不好聽。那是我唯一一次聽到父親唱歌，沒想到三十多年後，我會在北京回憶起這件事情，也終於知道這首歌眞的很短，父親不是因爲看到我和妹妹竊笑，而故意只唱一小段。

之三　離鄉・返鄉

我們可能以爲解決鄉愁最好的方式就是回家，但事實遠非如此，只有在鄉愁與旅途之中，「家」才能展現最深刻的美好，故鄉也才能像一個隱形的錨，深深的維繫住遊子的思念。維托德・貢布羅維茲這位始終沒有回到波蘭的小說家，在1953賀年的歲末餐會上對其他流亡的波蘭藝術家獻上這樣的祝辭：「我說，不要自作多情了。不要忘了只要你住在波蘭，你們之中沒有一個人是牽掛波蘭的，因爲它是日常生活的一個事件。而另一方面，今天，當你不再住在波蘭，因而波蘭亦更有力量地住在你的心中，並且它應該作爲你最深刻的人性……。」

余秋雨曾說：「諸般人生況味中最重要的一項就是異鄉體驗和故鄉意識的深刻交樣，漂泊欲念和回歸意識的相輔相成。」他提到曾周遊世界的冰心，晚年最常夢見的回家場景，卻是她少女時期的那個家，彷彿「一個走了整整一個世紀的圈子終於回到了原地」，余秋雨說：「冰心老人的這些回家夢是否從根本上否定了她一生的漂泊旅程呢？」他認爲正好相反，如果冰心始終沒有離開早年那個家，現在這些夢也失去意義了。而在《歐洲書簡》中的〈葡萄牙書簡〉，作者也提到一個爲葡萄牙文學定調的詞彙「Saudade」，它可以簡單的譯成「思鄉病」，但是葡萄牙人認爲這個字其實是很難翻譯的，因爲它既是惆悵得令人頹喪，又是心中的一部英雄史詩，就像《奧德賽》一樣，既是生離死別，又要落葉歸根，回歸故土。這是一個一心想要遠行的人才能得其三昧的懷鄉曲。

如果說「家鄉」會跟著不同世代的移徙而改變，「家」是不是也會隨著人不斷的流動而改變？

一旦流浪或流亡的生命基調已經形成，「家」也成為一個虛擬的實體，從過去的時間與空間中拔除，而只存在於流浪者的心裡，你不能問他：「你為什麼不回家？」米蘭‧昆德拉在小說《無知》中回答了這個問題，他描述了流亡者返回家鄉之後的格格不入，他藉著尤利西斯這位最偉大的返鄉者，而想像出另外一種回家之後的情境：「二十年裡，尤利西斯一心想著回故鄉。可一回到家，在驚詫中他突然明白，他的生命，他的生命之精華、重心、財富其實並不在伊塔克，而是存在於他二十年的漂泊之中。」但是返鄉者已經回到家鄉，他不得不和一群他不了解的人生活在一起，而這些人一直跟他說著家鄉的種種，卻從不要他講講自己漂泊的歷程。

甚至，流亡者在失去故土的同時也遺落了家的意義，從此再也找不到一個家的感覺。薩依德在回憶錄《鄉關何處》開筆便表明，這本書「記錄的是一個基本上已經失去或被遺忘的世界」，而在重現這個失去世界的末尾，薩依德猜想並且確信父親不惜花費把他們兄妹送到美國，是考慮「我作為一個男人的唯一希望其實就是和我的家庭一刀兩斷……。如今，『正確』與適得其所，似乎都不重要，甚至不值得嚮往了。最好是漫跡各處，不要擁有房子，在哪裡都不要有太多『家』的感覺，特別是在紐約，這個我會住到死的城市」。

之四　生活在他方

繼「小資」、「BOBO族」之後，此地又出現一個新的詞彙「IF族」，意思是有著優秀語文、工作能力，能在世界各地工作的國際自由人（International Freeman）。

而更早幾年，在胡晴舫的《旅人》裡，她就生動的描繪一個掌控世界經濟的新民族「達弗斯人」（Davos）。她指出，這個名稱來自每年一度在瑞士達弗斯市舉行的世界經濟論壇，來自世界數十個國家的銀行家、投資者、政府官員、知識分子、媒體，定期齊聚一堂，討論及規畫全球經濟局勢。這些人跨國界的延伸出一個金融社區，而達弗斯人正是這個社區的子民。

這些達弗斯人擘畫了全球化的經濟藍圖，形成一個消除國與國疆界的生活方式。他們可能今天在紐約開會，後天在東京簽約，到了假期則隱身在蘇格蘭的湖區健行，他們的護照永遠密密麻麻，所謂的千門萬戶對他們來說不是形容一個人煙茂密的城市，而是不斷穿梭的機場。

也許是因為離家並不困難，也或許是能讓我們身心安穩的「家」，已經被一種固定的生活方式取代。

對於這些永遠在路上的人，也許我們也別自以為是的慰問他們離家的寂寞，因為不斷的移動才是他們生活的意義。現代人的「家」，已經不再局限於一個固定的圓心，而是延伸在移動的每一個點，用電話、網路連結出一個家的完整。相對於中國詩詞中充滿的離愁別緒，也許我們會訝異現代人是多麼興奮、樂觀的去期待一種遠離家鄉的生活。也許是「家」的作用早已崩解，也許是因為離家並不困難，也或許是能讓我們身心安穩的「家」，已經被一種固定的生活方式取代。全球化不但讓一些人注定要變成「漂泊的荷蘭人」，同時還複製了許多一模一樣的城市，只要有熟悉的星巴克，異鄉也不過就像另一個街區的角落。

而我卻始終認為，人生如逆旅，人注定是要離開家的。現代人可以快速的移動，正是讓我們清楚的知道，生命的本質中就是如此，世界上沒有一成不變的事情，不管是不是達弗斯人都難逃這樣的宿命。近年來，每在香港機場看到形形色色的人走入不同的登機門，好像穿過一道道生命的門簾，這個時候我就會依稀想起這麼幾句話：「是諸眾等，久遠劫來，流浪生死，六道輪迴，暫無休息。」不過即使如此，我們還是可以和同樣是遠離家鄉的詩人切斯瓦夫·米沃什一樣在生命的旅途中想著：

如此幸福的一天。
霧一早就散了，我在花園裡幹活。
蜂鳥停在忍冬花上。
這世界沒有一樣東西我想占有。
我知道沒有一個人值得我羨慕。
任何我曾遭受的不幸我都已忘記。
想到故我今我同為一人並不使我難為情。
在我身上沒有痛苦。
直起腰來，我望見藍色的大海和帆影。
——米洛舒〈禮物〉■

永恆的家園

也關於失樂園及天堂

永恆的家園，永遠是人類to have or not to have的問題。
永恆的失落與永恆的追尋，這就是人類的生命之旅。

文—韓良露

Corbis

漢字的家是一個養豬的地方。中國最早的畜牧馴化是從豬開始的，在黃河流域河南新鄭裴李崗遺址有七千九百多年前的豬骨骼的出土，豬不同於牛馬羊狗，生性並不適合遷徙游牧，因此，養豬之所一定是定居之址。中國人開始養豬之後，採集、漁獵的生活型態就過渡到以農耕為主的日常作息，中國人也開始有了固定於一塊土地上的家園概念。

家園的起源

固定家園的聚居，由小而大，慢慢形成了聚落、家族、氏邦、家國的體制，在體制的權力運作中，肉食的分配一直是極其重要的權力象徵。從小小的家族中，族長分配眾人打獵回來的野味所得，但打獵的收穫全憑天意，因此一族之長的權力基礎在於和神意的溝通。所以，上古原始社會的權力核心，即是神權的代理。

但等到了農業社會，豬成了最主要的家畜，肉食的所得有了穩定的基礎，能控制肉食來源者就成了重要的權力支配者，如此一來，我們自然明白了為什麼周天子在祭天的同時，要分給諸侯肉羹。天子如今從代理神權的位置走向與神權合一的境界，天子可以憑己意分配肉食，代表神權統治在農業定居社會後轉換成政權統治。

由國家管理分配肉食的供應，在《唐六典》中有極其詳細的描述：唐代自親王以下至五品官都有肉料配給，其中親王以下至二品以上者，有豬有羊，但三品至五品者只有羊而無豬。由此可見豬肉的珍貴，豬是國家的聖物圖騰，養豬的家是國之基礎。

中國文字的「家」，是養豬之地的意思。中國人的肉食，以豬肉為主。這是一個定居的農業民族所發展出的習性。西方人的肉食，以牛肉與羊肉為主，則起源於他們是游牧民族。整個世界的歷史，一直是游牧民族vs.農業民族的文明變遷。重視家園的農業民族的宿命，變成了要不斷地流離失所，但不重視家園的游牧民族，卻永遠在找尋更新、更好的水草之地。

農業民族vs.游牧民族

　　家這個文字符碼，形成了中國人（主要以發源於黃河流域的中原漢人爲主）最主要的家園概念：在一塊定居的土地上安居樂業。但是並非所有的人對「家」的定義都是定居的，以漁獵爲主的維京人、以游牧爲主的阿拉伯人、蒙古人、突厥人等等，都是以羊、牛、魚爲主食，這些隨獵物而遷移的民族有著主動遷徙家園的習性。因此維京人的「家」一向是在船上，他們的家園是暫時的、流動的，從公元前六千年起，維京人祖先的足跡就踏遍了北海地區，八世紀起，維京人侵略了蘇格蘭、愛爾蘭、不列塔尼、日耳曼等地。

　　這些四處征戰的民族慢慢地形成了國籍的概念，維京有了挪威、丹麥、瑞典的區分，但他們的國之認同是建立在共同的征戰組織上，他們的老家只是休養生息之地，因此維京人很早就發展出群居的公共大屋，而家庭生活中最重要的工作是打造鐵器，因爲家庭必須提供出外征戰者足夠的武器。

　　整個世界的歷史，一直是游牧民族vs.農業民族的文明變遷，而吃牛羊肉的人大部分時候都會贏得戰爭，來自裏海、伊朗高原的亞利安人入主印度，把印度河谷農業文明的人趕向南方邊陲。同樣吃牛羊肉的土耳其人、蒙兀兒人、不列顛人先後侵占了印度，而中華文明的整個五胡亂華（或興華）史，都是游牧的胡人、以及後來的滿人入主中原的歷史；而在中世紀之前的整個歐洲歷史，吃牛羊肉的西、北歐蠻族也是一路攻陷吃豬肉的中歐、東歐土地。

　　重視家園的農業民族的宿命，變成了要不斷地流離失所，但不重視家園的游牧民族，卻永遠在找尋更新、更好的水草之地。一直到今日，全世界最大霸權的美國仍是主食爲牛肉的民族，他們的家園從來不會只拘限於美國一地，他們的家園是透過軍事、政治、經濟、文化的家天下。

家園的流離失所

　　家園的流離失所Diaspora，在大部分情況下，都是被迫形成的被動遷移，最主要的原因，就是政治的動亂。肉食以豬肉爲主的客家人，原爲發源於河洛的漢人，一路爲了逃避歷代的中原戰亂而集體南下，而被當地人稱之爲做客的人們。

　　被迫離開故土家園的客家人，對家園的觀念形成了十分矛盾的現象，客家人每定居一地，都會顯現了強烈的封閉性，客家人會形成緊密的聚落，以自外於人的方式生活，像福建永定的土樓，就是客家先民從西晉末年、唐末、宋末和清初，這四個客家大遷移年代中逐漸發展出的集生活、軍事、社會、禮教於一身的集合封閉住宅。

　　客家人對於寄身的家園，有著強烈的土地認同，但這個認同卻又不會立即等同於認同國家，也許是因爲流

離失所的經驗世代相傳，因此客家人也很勇於再度遷徙。我曾看過一個資料，提到在中國十三億人口中，有四千五百多萬客家人，但海外的華人（包括台灣）中卻有高達八百多萬的客家人，這個數字顯示了原本以定居為主的客家人，如今卻成了中國歷史中遷移最多、最廣的一個族群。

發源於兩河流域的猶太人，也是一樣的宿命。他們因烏爾城的動亂，被迫在先知亞伯拉罕的帶領下，奔向先知所說的耶和華應允的奶與蜜之迦南。但事實上，迦南是荒地，生活條件比美索不達米亞平原艱辛太多了，因此猶太人又遷居尼羅河三角洲，之後又在埃及動亂之時，由摩西帶領出埃及回到迦南建國。接著，在巴比倫人摧毀猶太王國後被放逐至巴比倫，之後又重返迦南故土，重建猶太王國家園，但後來又敗給羅馬帝國，而造成猶太民族的大流離時代的開始。

從此猶太人在世界流放，在不同的國家聚居形成各種的猶太聚落，這群沒有故國與故土的族群，一直不忘記他們的神諭：迦南是神應允之地。終於在猶太復國主義的推動下建立了以色列國，重返故土迦南（即今日的巴勒斯坦）。

猶太人對故土的觀念是由神諭界定的，因此他們要重返的是迦南而非兩河流域，而客家人活著時一直沒有重返故土的政治野心，但死後的墓碑上卻會印記中原的老家，好讓靈魂重返家園。

人們為什麼會離開家園

被迫離開家園的族群，絕大多數是因政治變遷。在第一、第二世界大戰中，各地的難民促成了美國及澳洲遷入大量的移民，台灣從1947至1950年間自大陸遷入兩百萬人口（而當時台灣只有六百萬人）。除了政治因素外，另一個造成大量人口移動的是經濟因素，愛爾蘭在十九世紀末的馬鈴薯大饑荒，造成全國八百五十萬人中有1/2的人口逃離家園，許多人都遷去了美國和英國，如今紐約已經成為全世界除了都柏林外最大的愛爾蘭族裔聚集之地。蘇格蘭當地人口遷移也是因為高地生活不易，才被迫放棄家園去尋找更適合生存之地；義大利西西里島大量人口外流，也是以經濟因素居多。

也有少數的遷移者是為了宗教的理由而自動離開家園，譬如乘五月花號到美國新英格蘭的清教徒，他們所往之地絕不如出發之地舒適，但這些人為了建立他們信仰的家園，必須離開故土。移居加拿大魁北克的法國胡格諾教徒，也是基於同樣的宗教理由，而摩門教徒比較幸運，他們重新建立的信仰家園不必走得太遠，只要從美國東部到西部不毛之地就可以了。

人們為什麼不肯離開家園

但並非所有的人在面臨政治、經濟、宗教的壓迫時，都會願意離開家園。比起居住的自然條件較困苦的蘇格蘭人，威爾斯人在面臨異族（英格蘭人）的統治

時，仍然固守家園。威爾斯人一向不若愛爾蘭人、蘇格蘭人那樣大量移出故土，可能和他們對威爾斯這塊土地的強烈認同有關。

威爾斯作家珍・莫里斯在《威爾斯家園》一書中寫道，威爾斯的特質是「一個總合，一個隱喻，一個典範，一個小宇宙」，雖然威爾斯「the Welsh」的原意是外國人或陌生人（和客家的意義差不多），威爾斯人本為凱爾特人的後裔，和愛爾蘭人、蘇格蘭人擁有共同的祖先，但威爾斯存著極佳的自然景觀，有豐富的凱爾特古文明傳統，有獨特的歐洲最古老的文言文（威爾斯語），因此威爾斯人依戀他們的土地家園，離開威爾斯，就不是威爾斯人了。威爾斯人學會了在英格蘭人統治下半獨立、半自治的生存型態，他們不願意流離失所。這點就像中國歷代政治變遷中，許多固守著自己天高皇帝遠的千年小村小落生活的人們（如浙江古鎮諸葛村），都會懂得什麼叫作「改朝換代他家事」的戀戀家園觀。

對家園的依戀，在現代社會，則會轉型成對鄰里（neighborhood）的念舊，墨西哥詩人歐塔維歐・帕茲認為現代社會和封建社會最大的區別，就是個人取代家庭成為最主要的認同元素。在封建社會，人一出生，就決定了他的階級、行業，他提到印度的種姓制度對鄉下人而言不容易掙脫，因為種姓是和家庭單位結合的，但對遷移到孟買這種流動的城市，個人單位的種姓身分則較

容易超越。在封建社會中，家園和土地的聯結很深，家是立在「園」之上的地方，園是一個聚落，一個有框架有邊界的地方。但來到了現代社會的城市中，大部分的人都變成了沒有土地的人，也沒有園來圍住他們，這時人們的地域認同從園轉向了地區，我住在什麼地區，有什麼鄰里，就成了現代人的家園。

有一回看書時，發現柏林圍牆的分割，並非始於東、西柏林的分界。柏林在1945年分成蘇俄託管東柏林及英美法託管的西柏林後，在十多年的時間內，東柏林的人還可以上午去西柏林上班辦事，下午回家。許多有機會移居西柏林的人都沒有選擇離開東柏林家園，非要等到東德在1961年那一夜，突然架起了冷戰的圍牆，才有東柏林一波又一波的逃離家園人潮。

為什麼這些人不早點走？我在年輕時並不太明白這個道理，如今已屆中年，才想通有的時候家園不是說走就走得了的。東柏林人有他們自己的鄰里，熟悉的鄰居，買慣東西的雜貨舖，習慣散步的地方，在大難沒有來臨前，群鳥是不會飛離森林的。家園的崩解，也會發生在巨大的天災之後，例如這回南亞的海嘯，或台灣的九二一大地震，造成許多家破人亡的悲劇。但因天災而起的人禍，卻最容易在時移境遷後為人們所遺忘，許多地震、海嘯發生的危險地帶，往往在數年後因人們強烈的想重建家園而在原地蓋起房子，但這種人定勝天的家園執著，卻可能宣告在未來數年或數百年後另一些家園

雖然從1945年起，柏林就東西分治，但是柏林圍牆卻是到1961年才建起。在十多年的時間內，東柏林的人可以上午去西柏林上班辦事，下午回家。你不得不思考，許多有機會移居西柏林的人，為什麼不早點走？為什麼他們非要等到冷戰圍牆要架起了，才出現一波又一波的逃離家園人潮？

的毀滅。

家園如何定義

　　家園的定義是非常複雜的，因人、因時、因地而有不同的意涵，對猶太人而言，故土並非兩河流域，而是神應允的新生地迦南。有的人的家園是他腳下踩著的土地，像蕭邦離開波蘭時要帶走一把泥土；也有的人定義的家園是文化的根，像漢文化的家園、威爾斯文化的家園；也有的人把宗教認同當成家園的定義，像印度教國家主義運動領導者沙瓦卡定義的印度教徒是將由印度河至大海的土地視為他的國家及聖地。這種結合家園和宗教的認同，也讓伊斯蘭教徒對家園的依戀，擴及至把聖地麥加當成永恆的家園，一個永遠可以回歸的家園。

　　家園也可能是一個浮動的概念，像只風箏般以一條血緣的、種族的、文化的線遙遙相連，許多流放者在異地建立的家園，不管是猶太人的Ghetto，華僑在韓國、美國建立的說華文、吃中華料理的僑社，諾貝爾作家奈波爾誕生在千里達的僑社，雖然印度不是他的家，卻是他的文化家園。他在《印度：受傷的文明》中提到他在千里達的祖母家中，看到神龕內光滑的鵝卵石，是他的祖父自印度帶來的陽物象徵，即使印度是個受傷的文明，這些被迫遠離家園的人在心理上仍然脫離不了這個文明的符咒。

離開家園後，人們如何自我救贖

　　人們遠離家園後，總是要尋求救贖的可能，就如同

人們對失樂園永恆的渴望般。救贖的方式種類眾多，中國人的姓氏中就存有對國破家亡的記憶。中國人的姓是氏族圖騰的變形，氏族形成了國，以國爲姓是國家認同最直接的方式。但當國滅後，如周成王的弟弟被封爲韓國國君，春秋時韓國爲晉所滅，從此後代都以國爲氏，姓韓。於是姓韓的人有一個遙不可及的故土家園，在如今已不存在的春秋韓國。日本天皇的祖先自稱秦氏，極有可能是以秦國爲姓的後代，在明治天皇時，日本遷都東京，就有要和京都的華族家園記憶一切兩斷的企圖。

家園的記憶在傳承的過程中，大傳統要靠文化、宗教、語言的保存，小傳統靠著飲食、祭祀、服裝來延續。在大傳統中，宗教力量最大，猶太人一直依賴猶太法典的凝聚力。語言則不太可靠，不同地域的猶太人已經分別發展成講希伯來語、意第緒語，客家民族的客語也是南腔北調差異不小。在小傳統中，飲食的力量最大，猶太菜、客家菜一直有其脈絡，但服裝最不可靠，除非極正統守舊的猶太人，否則是不會戴小圓帽穿猶太長袍。中國人的服裝認同更混亂，歷代統治帶來歷代服飾，還不如日本人以吳服爲本，還有著春秋吳國的祖先記憶，雖然現在平常穿吳服的人也不多了。

在歐洲發展出以運動來取代中世紀的地域征戰這件事上，也可體現其對家園的認同。歐洲形成各個統一的大國的歷史比中國晚得多，在中世紀時，不同的城鎮都還有十分激烈的戰事，像在義大利、威尼斯、佛羅倫斯、熱內亞互相打來打去，光是托斯卡尼這塊小地方，西恩納、蒙特普奇諾就是世仇，打起仗來還要各自找佛羅倫斯或熱內亞做靠山。

如今在蒙特普奇諾，仍有中世紀流傳下來的鄰里射箭比賽，西恩納人每一年都會狂熱地舉行鄰里賽馬，這些活動都符合社會心理學家所說的，鞏固家園的團結意識，也同時具有消弭家園潛在的分裂欲望。歐洲的足球大聯盟其實就是過去歐洲各國互相攻打的血腥歷史的現代化身。在球場上，狂暴的胡里根足球迷再暴力，比起戰場上的廝殺，要文明太多了。

在美國，迷棒球大聯盟的人，以來自歐洲的族裔最狂熱，這和這些人祖先的基因中仍殘存著中世紀的城邦爭戰有關，因此對棒球隊的認同絕不會西瓜偎大邊，紅襪隊球迷輸再多場也不會變成洋基隊球迷。每一支球隊都代表一個流傳長遠的地域、鄰里、家園的記憶，代表自己、父親、祖父以來的父性認同（如同世界上大部分的姓採父姓爲主），棒球以及足球、籃球等等運動競賽，都是父權歷史中征戰敵人、保衛家園的集體儀式。

失樂園vs.天堂

人類的歷史，一直存在著兩種家園的追求，一是對失落家園的懷念，人們用盡各種文化、宗教、血緣、儀式、祭典、飲食、語言等等方式保存對失樂園的記憶，但人類本質上又是飄泊遷徙的動物，我們的先祖從非洲

在資本主義的社會裡，隨著職業運動而來的Home ground，可能是對現代「家鄉」的最佳註腳。球迷去球場看球，他的心思與支持的最終之所繫，不在來來去去的那些明星球員身上，而是在那個Home ground。像波士頓這座建造已將近百年的「綠怪」（Green Monster），見證的不只是紅襪隊的起伏，更是百年來曾經在波士頓居住過的人共同的「家鄉」回憶。台灣沒有Home ground文化的職業運動，錯失了這個最美好的部分。

大草原大遷移開始，歷經游牧、漁獵、定居的歷史階段。人們一直擺盪在留守家園與尋找新家園的欲望之間，舊家園代表安全感與美好的過去，新家園代表機會與期待的未來。

從地理大發現的時代之後，越來越多的人走上了遠離家園之路。在缺乏土地歸屬感的現代城市之中，有各種形式或短或長的離開家園的方法，你可以宣稱要出去流浪、旅行、度假、旅居、住遊、移民等等，離開家園不再是不能落葉歸根的詛咒，你可以離開，但隨時又可以重返家園。

人們對新家園的渴求一直有著天堂的性質，一個允諾奇蹟之地，提供所有的救贖與最終的幸福。許多孤寂流離的現代人，心中的永恆家園並非哪一個國、哪一個家可以提供的，這些人往往投向神的家園，在基督、阿拉、佛或所有新興的神名之下與之同在。

理性的科學家，也一直在滿足人類對新家園的渴望，不斷地以太空船探返火星，都在研究人類是否可以建立地球以外的家園。如果有一天地球大難臨頭，是否有少數的科學選民可以移民火星？在科幻小說家阿瑟·克拉克的小說《上帝之錘》中，在二十一世紀的末期就有個住在火星上的天文學家，遙望地球這個失落的家園。火星是科學家的天堂家園。

永恆的家園，永遠是人類 to have or not to have 的問題；永恆的失落與永恆的追尋，這就是人類的生命之旅。

本文作者為作家

一群境內移民打造新故鄉的故事

「衣沾不足惜，但使願無違」，
一千多年前陶淵明的詩句，用在現代台灣這群新移民身上，竟是如此恰當不過。

文—蔡佳珊 攝影—賀新麗

桐花源記

這一天，退休的小學教師徐武弘一如往常，獨自到住家附近的山上散步。

這幾座蒼翠山巒海拔雖然不高，卻頗有深山況味，林木翁鬱，幽遠僻靜。他回想起民國五十年代，這兒可曾經是鼎盛沸騰的煤礦聚落啊，當時村裡小學的孩子有一千多人，是現在的七倍！自從礦場關閉之後，青壯人口外流，曾經風光一時的村子迅速沒落，這礦區的幾條聯外道路也為芒草所掩，變得人跡罕至。只有他一個人，還經常上到這兒來活絡筋骨，呼吸點兒新鮮空氣。

這天徐武弘卻有了意外發現，原本雜草叢生的廢礦場上，竟出現一個初具規模、生機勃勃的小庭園！

生機重現無患居

這便是徐武弘與陳正武夫婦的相識緣起，也是陳氏夫婦這對新移民與當地居民的第一類接觸。

陳正武原是軍人，退休後本擬隱居山林，沒想到卻在此時發現自己得了血癌。經過幾年化療後又做了骨髓移植，病情總算回穩，但原本健壯的身體已經困頓疲弱，渴望到山間靜養的想法益加強烈。

「當初我想，死也要死在山上！」陳正武說。於是與太太吳亞菊兩人四處尋找合意居所，終於在苗栗山區覓得這塊一千多坪的土地。雖是一片荒瘠林地，在兩人眼中卻是生命延續、後半輩子定居之所。胼手胝足之下，房子蓋起來了，池塘砌成了，樹苗也種下了。神奇的是，山居的新鮮空氣加上充分的身體勞動，陳正武搬得動的石頭越來越大顆，最後竟連病痛也痊可了。

如今走進「無患居」，幾百種草木青翠繁茂，雞隻滿地跑得飛快，友善的犬則對來客輕搖尾巴。陳正武如數家珍地一一介紹園中的每株植物，像引薦一個個家裡的親人。《生機花園》原是他在病床上最用功閱讀的一本書，作者莎拉．史坦因融合生態學和園藝學，以尊重原來住在土地上的生物為前提來造園，相信動物和植物才是最好的園丁。於是無患居的花園不若平常工整美觀、匠氣分明的庭院，而是包括了林地、溼地、生態溝、池塘、果園和菜園等多元生態環境，讓生物在其間自然生長來去。不碰農藥、不用化學肥、多多種植當地

呂淑雅提供

自己蓋屋，自己種菜，透過建造新家園的勞動，人與土地再次緊密連結。

原生樹種，是陳正武秉持的幾個重點原則。

園中的要角還是那棵無患子。無患子是低海拔山區常見樹種，它的果皮在過去常被用來作爲洗滌之用，是最原始自然的清潔劑。又相傳以其樹幹所製木棒可以除魔避邪，故名「無患」。此二字對抵抗病魔重獲新生的陳正武而言，涵義更是深遠，因而將這塊新天地命名爲無患居。

山洞後頭的夢想家園

這個沉睡已久的山區開始蠢蠢欲動，陳家只是搬來這個山區的第一戶。四、五月間，滿山遍野油桐花盛放，落英繽紛的美景終又招來了許多尋找夢中家園的人們。

「我印象最深的是那兩個山洞，進來之後，就像到了另一個世界，」何庚財記憶中那「豁然開朗」的感覺，與晉太原中武陵人的奇遇竟如此神似。經常往來兩岸做生意、五十三年次的他，第一次來到此間，兩座幾十年前採煤留下的隧道莫名地喚起一股感動，便決意在此置產。

在電子業努力打拚了二十多年的邱國賓，一直都嚮往山居，他曾將優美的瑞士風景照片貼在牆上，跟家人說：「這就是我們的夢想。」當他看到這個美麗山谷，當下就衝動決定：買了！

經營便利超商近十年之久的劉順光，因爲不滿日復

一日的忙亂生活，經常想像若能結合工作與休閒不知該多好，便開始在腦中構築著開一間山中咖啡屋的藍圖。尋覓中恰巧來此，正值夕陽西下，金色霞光輝映山景。目眩神迷的他，一回家就開始籌措經費，購置了屬於自己的一片坡地。

在這些新住民的描述中，這座原是蕭條礦場的山林便像是天生麗質難自棄的美人，有股叫人難以自拔的魔力，不僅僅是退休的人看上它，連四年級、五年級的青壯年人也紛紛到來。各行各業人士包括科技新貴、退伍軍官、畫家、律師、教師陸續進駐，其中赫然還包括名作家施寄青。

「宜蘭多雨，花東多地震，台中以南太熱，想一想，全台灣只有苗栗可以住，」施寄青原本抱著歸園田居的想法，選上這鍾靈毓秀的山區作爲退隱之地。

只是美景歸美景，眞要居住其中，卻全非想像中那樣簡單。整地蓋屋的過程中，複雜法令和繁瑣手續接踵而來，土地過戶、設籍得要兩年後才得蓋屋，還要申請農業使用和簡易水土保持，許多人不明所以，一動土，馬上被人告發濫墾山坡，一罰就是六萬元。

施寄青就被罰過款。再加上整地建屋種樹換土等各種工程，需要的經費越來越龐大，她從沒想過一圓田園夢竟要花這麼多錢，最後把台北大安區的房子也賣了。「這麼麻煩，乾脆再把地賣掉算了，」施寄青萌生了放棄的念頭，此時恰巧陳氏夫婦邀她到家中賞螢。

做個現代陶淵明並不容易。要有勇氣，也要有力氣。

「哇！那種感覺好像星際大戰，像Star Trek飛到銀河，那螢火蟲多到就像滿天的星星，很鬼魅你知道嗎？牠還會飛到你身上……怎麼說呢？就是讓人非常感動，」一向口若懸河的施老師，說起那次難忘的記憶時

竟也一時語無倫次起來。

「現在想想，還好我那時沒有衝動地把地賣掉，」她開心地笑著說。

篳路藍縷，以啓山林

買了地，首先要面對的就是最艱辛的整地工作。這些平常五體不勤的城裡人，紛紛撩起袖子、扛起鋤頭，開始一段名副其實的「晨興理荒穢，戴月荷鋤歸」的日子。

「最早的時候，芒草有一個人高！到處長滿了野薑花、姑婆芋，一下雨，根本就是一塊爛泥地！」五十多歲的李淑麗談起她的整地經驗，還餘悸猶存。為了方便，她和先生在旁邊租了一間破舊的三合院，住了一年，每天得忍受各種不速之客如蜈蚣、蜘蛛和蛇類進屋攪擾。

劉順光頭一回整地，一鋤下去，鋤頭反而彈起來，沒多久就汗流浹背，再加上蚊子猖獗，一巴掌下去就有五隻。工作歇息時他到溪水裡沖涼，回家後立刻發了高燒，還以為自己是動土得罪了山神。之後他加緊勤練身體，才有力氣繼續墾荒。

「要看一個人，就分給他一塊地，看他怎麼整，」最早來的陳太太看著每一戶開疆拓土，歸納出如此一句至理名言。

天性熱心助人的元老級陳姓夫婦是新住戶們理所當然的顧問，他們巨細靡遺地把全數經驗傳承給後進的鄰

居，並且也將生機花園等環保理念一一傳播開來，陳正武因此還得了個「陳博」的美稱。再結合一位當地優秀的老師傅，大夥以自然工法砌造石頭駁坎、做排水系統、護坡措施、接水源、種草木……，漸漸地，一個個的新家成形了。

最有雄心的莫過於自力造屋的徐家。這座木屋由祖孫三代合力花了十個月的時間，從定樁、灌漿、立基柱……一步步做起，即令在過年期間，夫妻倆人冒著寒流來襲，堅持上山蓋屋。

屋子的女主人呂淑雅曾經做了十年公務員，為了想過不一樣的生活，毅然辭去穩定工作，與從事科技業的先生來山上共同建造這幢夢想中的房子。如今木屋落成，從窗戶放眼望去，遠方層巒疊翠、嵐煙縹緲，屋內燈光一打，則滿室溫馨暖意。「這座屋子就像我的第三個孩子，」呂淑雅突然感慨萬千地說。

屋子庭園都弄好了，山居還是大不易。颱風一來，停電是理所當然，水管堵塞破裂是家常便飯，「一年要弄壞好幾次，我先生得出去一路沿著管線找問題出在哪裡，常常一整天都沒回家吃飯，」邱國賓的太太游毓雙說。

園中種了三千棵杜鵑的施寄青，趴在坡地上徒手拔草已成為她的日常功課，全日工作也要好幾天才拔得完。但要不了多久，生命力特強的雜草便又冒出頭來。「真的是篳路藍縷，以啟山林，今天你們看到的繁花似錦，絕對不是當初的樣子。」施寄青說。

但也就在汗珠滴落土壤的那一瞬間，土地與人之間再度蘊生出親密之感，一個有情家園於焉誕生。

等退休？太晚了！

自然健康的生活方式和崇尚環保的生態理念，將這群新移民結合在一起。由於共同對土地的熱愛，以及對不合理法令的抵制，社區意識逐漸凝聚。在施寄青的號召與陳氏夫婦的奔走下，「侏儸紀故鄉營造協會」成立了。協會的代表植物正是打從侏儸紀就存在、至今仍在山區隨處可見的筆筒樹。

「我們這邊的鄰居啊，最近的也要走十幾分鐘，但是翻山越嶺都還是鄰居，」社區的太太們，經常把這句話掛在嘴邊。的確，參與協會的人士來自方圓四平方公里的不同山頭，三不五時的聚會中，有新住民，也有原住戶。「開軒面場圃，把酒話桑麻」是聚會情景的最佳寫照。除聚餐外，協會還舉辦了登山健行、觀花賞螢、彩繪路牆……等各種活動。在城市裡，家家戶戶緊挨著，人際關係卻疏離，到了開闊的林野，人與人之間反而更加親密往來、互助合作。

原本「千山我獨行」的徐武弘，現在變成新社區最佳的爬山嚮導，熟悉周遭地形的他正好給大家來個環境認識課程。「人傑所以地靈，」徐武弘十分樂見新鄰居所帶來的旺盛活力。

辛苦總不會白費。如今陳正武徒手砌起的池塘，每

到夏天，蛙鳴之響能蓋過屋裡人講話的聲音。李淑麗不僅學會了聽聲辨鳥，長年以來的頭痛也好了。邱國賓則是滿足地說：「山上住就像吃嗎啡一樣，久了就完全不想回都市去。現在我每天早上醒來，滿眼都是綠。」他家窗戶望出去，是一片蔥綠的樟樹林，下方雜草全讓他和太太理得乾乾淨淨。

「等退休真的太晚，要下鄉現在就趕快下鄉，」李淑麗說。「五十歲以後，鋤頭就拿不動囉！」邱國賓也附和。

春天將臨，山上的男人們又摩拳擦掌，準備跟著陳博上山找樹苗了。「衣沾不足惜，但使願無違」，一千多年前陶淵明的詩句，用在現代台灣這群無怨無悔的新移民身上，竟是如此恰當不過。　　　　　　　　■

生態社區的形成，不僅重拾了人與自然之間的親密，也深化了人與人之間的情感。

落地生根vs.落葉歸根

無論主動或被動，離開家鄉到他鄉生活的人都會有個要面對的問題：最後，漂流者要在哪裡終老？

01 老兵（大陸→台灣）

陳本清・80歲・退役軍人・25歲離鄉・返鄉10次

採訪整理—藍嘉俊　攝影—蔡志揚

　　每一個1949年跟隨國民政府來台的老兵，都有著既雷同又說不盡的故事。他們和故鄉的關係，幾乎是被大時代連根拔起。落腳台灣，有些沒資格住進眷村的老兵，只能窩在違建裡。陳本清是其中一位，他的親人、同鄉已一一凋零，又擔心終老的屋子會被拆。能每天坐在巷口的椅子上和別人大聲聊天似乎是比較實際的事情，未來不確定，要落地生根還是落葉歸根，自然也沒有答案。

為什麼會離開原來的家鄉？共產黨打過來啦！我當時在地方部隊，不走只有等著被殺頭！那時才剛過完年，我們在碼頭等船，船開走時，一條接著一條排成長長一串，好壯觀。家鄉的路很小，連腳踏車都沒幾輛，更別說火車了。在撤退過程中，我第一次看到火車，被它發出的汽笛聲嚇了一大跳，帶隊的幹部還斥責說：「叫什麼叫，土包子。」後來我們來到鎮江，轉進南京、上海，最後在基隆上岸，整整花了兩個多月。一路上，好餓、好冷、好可憐。

最喜歡現在這個家鄉的什麼？不喜歡什麼？我屬於獨立砲兵團，跟著部隊跑來跑去，打過823砲戰。在台灣，桃園、中壢、苗栗、台中、屏東、台東等地都待過，在台北住得最久，有二十多年了。我在這裡結婚生子，但他們都死了。台灣的陽光好、可以把棉被曬得香香的；台灣的氣候也好，一年四季綠油油，不像我們老家到了冬天，滿天滿地的雪，綠色植物只剩下竹子和松樹，其他就光禿禿的。此外，這裡的福利和交通也方便，但現在的政府好像不喜歡老兵。

最想念原來家鄉的什麼？不喜歡什麼？我們家鄉的食物最棒了，雞肉好吃，蔬菜也真是甜啊！我還把那邊的種子帶回來這裡種，但味道不對、菜也長得不夠大，可能是不夠冷吧。我很懷念我的那些拜把兄弟，那時候，我每個晚上最少跑四、五個村莊，找他們到處去玩，玩到

很晚才回家，被長輩罵。當然，最思念的是我的父母，返鄉的第一件事就是去找他們，結果，都不在人世了。大陸實在太冷了，有次回去吃年夜飯，邊吃邊發抖。

如果別人問你的家鄉在哪裡，你會如何回答？我的故鄉是江蘇省溧陽縣，那是我出生的地方。台灣是我第二個家鄉，我在這裡住了超過五十年，大部分的記憶也都在這裡。

「落地生根」與「落葉歸根」對你有什麼不同的意義？在大陸與台灣，兩邊最親的家人都不在了，這時，根要在哪裡呢？我回去時，那些旁系、晚輩圍繞著我，總要聊天聊到很晚才去睡覺，很熱鬧，但如果我沒帶一些錢，會被這樣簇擁著嗎？有時想想回去也沒太大意思。現在我的家在這裡，住得習慣，氣候也適合我。但房子如果被拆了，我連住的地方都沒有，這時，就要回大陸老家了。

華僑 (台灣→德國)

楊可餘・60歲・退休護士・25歲離鄉・返鄉4次

採訪整理・攝影—陳思宏

02

1969年離開台灣到德國的時候，楊可餘只是個剛出社會的年輕護士。離開台灣三十五年以來，她歷經了結

婚、生子、離婚的人生關卡,也目睹了柏林圍牆倒塌,歷經了兩德統一之後的社會動盪。在上海出生,在台北受教育,最後定居柏林,一路顛簸。楊可餘在接受訪問的時候,即使說到不愉快的往事,依然是笑容滿面,像是訴說著一個遙遠的故事。她目前在歐洲僑界非常活躍,也時常出國旅行,生活非常充實。說到「故鄉」,她非常肯定的回答,不是上海,也不是柏林,而是台北。

為什麼會離開原來的家鄉? 我在報紙上面看到國際紅十字會徵求護士到德國服務的消息,而我是個國防醫學院畢業的專業護士,所以就被廣告給吸引了。而當年是戒嚴時代,出國很不容易,我抱著多看看這個世界的心態,就去報考了。結果一千多人報考,最後只錄取五十人,而其中有許多錄取者因為簽證、家庭問題等無法成行,最後只剩下十六個台灣護士飄洋過海來到德國。想不到,一待就是三十五年。

最喜歡現在這個家鄉的什麼?不喜歡什麼? 當初剛從台灣來到德國,感受最深的就是德國的社會福利,這邊的醫療補助、失業金、養老金都很健全。只是,兩德統一之後,因為西德要負擔東德的經濟負擔,許多以前的福利都已經縮水,甚至消失。而我最不喜歡的,就是自己即使已經拿了德國護照,歸化為德國公民,但仍會因為自己的皮膚與髮色而遭遇到種族歧視。

最想念原來家鄉的什麼?不喜歡什麼? 我最想念我剛離開時的台灣,那時候台北有許多農田綠地,騎腳踏車就可以在原野中奔馳,街上車不多,有黃包車,空氣非常的好。但是多年以後重訪故鄉,台北高度發展,交通狀況很差,空氣污濁,我記憶當中的故鄉原貌都被破壞了,不過這是都市發展的代價。而我最不喜歡的也是重訪故鄉的時候,看到台北在急速發展之下缺乏更好的城市規畫。

如果別人問妳的家鄉在哪裡,妳會如何回答? 台灣。雖然我在上海出生,後來又定居德國,但畢竟是在台灣受教育,受島國滋養許多。我的心,總是在台灣的。

「落地生根」與「落葉歸根」對妳有什麼不同的意義? 「落地生根」對我來說,是個複雜的情緒。我出生在上海,九歲跟隨家人到台灣,後來到了德國,嫁給了德國人,拿了德國護照,在柏林落地生根,卻還常常感覺自己不是真正的德國人,因為常常因外貌而被說是外國人。我的確在德國落地生根了,但是心裡常常想到「落葉歸根」的可能性。畢竟,我還是希望回台灣落葉歸根,但是目前家人跟房子都在德國,如果回台灣養老,會面臨許多現實的問題。我想,很多華僑都有這樣的矛盾吧!所以,「落地生根」對我來說是個海外生存的必要條件,「落葉歸根」就是心裡的想望。

在這裡見證了柏林圍牆的倒塌,以一個台灣人的角度,有何特別體驗? 當初來德國的時候,根本不知道圍牆的存在,到了之後才知道西柏林就像一個島被東德封住,

只能坐飛機離開，我感覺就像是從台灣島飛到了另外一個島，到後來才通了火車與公路。而兩德統一之後，西德必須負擔東德的赤字，我親身體驗社會的震盪，經濟的起伏，我見證了這個第二故鄉的歷史脈絡，感受非常深刻。

關於柏林這個妳「落地生根」的都市，有無最辛苦的回憶？其實我一路在不同國度遷徙，都很平順，也都存著感恩的心走下去。如果真要說不好的回憶，那就是和我前夫的婚姻，我們育有一男一女，但卻因為他嚴重的酗酒問題而離婚收場。但我目前生活很愉快，常旅遊世界各地，也是個快樂的外婆。

「阿蘇卡」是許多在北京的台灣人匯聚的酒吧，這裡有台灣常見的牛肉麵、滷味以及鹽酥雞；牆上掛著《童年往事》、《獨臂刀》的電影海報，雖然是在北京，雖然還不知道未來飄到何處，但是在鞏敬吾的餐廳裡，我們感受最深的還是他所懷念的台北風味。

為什麼會離開原來的家鄉？因為不曉得哪裡是家鄉。我父親是從東北到台灣的，他出生在齊齊哈爾，習慣松遼平原那種景觀，所以在我十歲時，我們全家就到過阿根廷，我想父親是想要尋找他心目中的故鄉。第二年阿根廷和台灣斷交，我們又回到台灣，但是那個時候已經埋下了我要離開台灣的因子，因為我已經看過世界了。所以二十三歲當完兵就到日本讀書，後來又到西班牙、南美洲，1990年來到北京。

最喜歡現在這個家鄉的什麼？不喜歡什麼？因為台灣進步太快，大陸進步得比較慢。我們這種民國五十年前後出生的人，剛好可以在這裡彌補我們離開家鄉很久的那種復古的感覺，現在可以聽到很多老歌，台灣都不會播放了。

最不喜歡這裡的公共秩序，當然這需要很漫長的時間去訓練，像台灣也經過「你丟我撿」、「禁止隨地吐痰」等公民教育的階段。這裡人口太多，估計要慢慢來。

最想念原來家鄉的什麼？不喜歡什麼？我最喜歡台北的吃，所以自己開餐廳，第一個就把牛肉麵搬過來。以前

台商（台灣→大陸）

鞏敬吾・44歲・餐廳老闆・23歲離鄉・兩年返鄉一次

採訪整理・攝影—徐淑卿

得要回到家鄉才能吃到這些東西。我在想，以後也許「孫東寶」這些店都會在這裡重新出現。

「不喜歡」是有時間性的，現在不喜歡的現象，以後也許會改變。我現在最不喜歡的是台灣的政治環境，切斷了我們這個年紀所感覺的母文化，所以會有點不習慣。

如果別人問你的家鄉在哪裡，你會如何回答？我會說，當然是在台中出生的台灣人。但是我也會解釋，父母親都是中國大陸出生的。

「落地生根」與「落葉歸根」對你有什麼不同的意義？我覺得我們這一代的人，最後要落在哪裡都不知道，只是盡我們所能，擴展我們生存的環境，最後選擇一個根。當然會有很多政治及其他因素的影響，像我出生在台灣，但是父母的家族，很多親人都在中國大陸，所以你說哪裡是根呢？我自己都迷惘了。飄到哪裡在哪裡生根，這是中國人最厲害的地方。

為什麼現在落腳在北京？當時在日本還沒來過中國時，最早認識的是北京人。還有語言問題，你到上海得學上海話，到廣州得學廣東話，但是在北京沒有這個問題。

為什麼選擇開餐廳？我是復興美工畢業的，又到日本學平面設計和一些烹飪的東西，本身也很喜歡烹飪，所以慢慢的把兩者結合起來。餐廳很多東西是我設計的，也收集了一些海報，算是把學的東西都用上了。

你感覺這十年來到北京的台灣人有什麼變化？以前來的人大部分是來設廠的，現在錄音師、攝影師、做IT的，各種行業的人都來了，我還認識一個人，在這裡唸完書後到國營單位工作。兩地往來的範圍更廣泛了。

外籍新娘 (越南→台灣)

阮艷娟．33歲．越南商店老闆．23歲離鄉．返鄉二十幾次

採訪整理—蔡佳珊　攝影—蔡志揚

站在門口的櫃檯後面，阮艷娟俐落大方地招呼著來客，店內的貨架上擺滿了琳瑯滿目的南洋風味食品。她來

04

台十年，賣過公益彩券、在公家機關做過志工，也幫警察局、法院和勞工仲介做翻譯。從初到時語言完全不通，到現在獨當一面，阮艷娟積極把握機會、勇於嘗試，突破了一般人對外籍配偶的刻板印象。現在，她用流利的國語斬釘截鐵地說：來到台灣，她從不後悔。

為什麼會離開原來的家鄉？我和先生是自由戀愛結婚的，他來越南旅遊，朋友介紹我們認識。他回台灣後，每一兩個月就到越南來找我，通信快一年後就決定結婚。以前我也沒想過來台灣，只想說嫁給誰就到哪裡。我現在的家是聯合國，我婆婆是原住民，我公公是外省人，我先生和我兒子在台灣出生長大。來到這邊之後，一開始會怕沒法跟家人溝通、聽不懂國語，但是我學習很快，來了兩、三年後我就什麼都懂了。

最喜歡現在這個家鄉的什麼？不喜歡什麼？我最喜歡台北的交通，到哪裡都方便，在越南我騎摩托車空氣很髒又有太陽，在台北只要帶個傘去坐捷運就行。再來是公家機關的辦事效率，很有規矩，環境很乾淨，有志工輔導，讓你很輕鬆地辦文件，這和越南差很多。

最不喜歡台灣的地方是電視新聞，每天報導很多暴力事件，看了很害怕，覺得社會好像越來越亂，讓人越來越沒有安全感。就算我不壞，看了這些新聞我也可能會學壞啊。

最想念原來家鄉的什麼？不喜歡什麼？最想念小時候家鄉很窮的那段日子的簡單飲食，小菜小魚等濃濃的當地口味。小時候吃什麼都覺得很好吃，現在已經吃不到了，就算吃到同樣的東西，也沒以前那麼好吃。也很難忘從前的老朋友，每次回去見到他們或是接到他們的電話，就好高興好高興，好像回到年輕時代。最不喜歡的是越南的法律，越南根本沒有什麼法律。

如果別人問妳的家鄉在哪裡，妳會如何回答？我還是會說是越南，不是台灣。越南是我出生成長的地方。但是我二十幾歲就來台灣了，在這裡已經很習慣，台灣很自由、很多元，這都是我想追求的。現在的我在生活、工作、打扮、想法，都和一般的台灣小姐一模一樣。我的事業成熟也是在台灣，台灣是我的夢想和未來開展的地方，我第二部分的人生。

「落地生根」與「落葉歸根」對妳有什麼不同的意義？我想我是已經落地生根了吧。現在有時回越南反而不習慣，那裡的生活步調很慢，整個環境讓人覺得很懶，我一回去就想睡覺，做不了什麼事情。所以以後還是會想留在台灣，台灣什麼都有，在這裡，我就精神奕奕，感覺活得很有意義。要回越南，也許老了以後吧，人的心態會隨著年齡改變。我也想辦台灣身分證，但我還沒有放棄越南國籍，現在要辦台灣身分證一定要放棄越南國籍，但是兩個地方都是我的家，我都不想放棄。所以老了以後也許就兩地跑，一半時間住越南，一半時間住台灣吧。　　　■

近代旅美華人之中國城變遷

他鄉如何作家園？

對華裔的獨居老人而言，中國城裡一間窄窄的單人房是唯一的家，
而對新一代台美族工程師來說，
家則永遠游走於太平洋兩岸的矽谷與新竹之間。

文·圖—劉可強、張聖琳

舊金山中國城的第一波移民，是十九世紀中葉從中國廣東、人口密集的珠江三角洲隻身前來的一群人。他們有的尚未成家，有的是已婚但妻兒留在廣東老家。他們離鄉背井隻身來美的共同夢想，是在這個美麗新世界尋找財富與幸福。然而，許多人卻落得孑然一身、終老於美國舊金山的中國城。

舊金山裡的中國城

特別是在1949年後，冷戰結構下，美國與中華人民共和國完全處於敵對的狀態。對於那些妻小還守在廣東老家的舊金山中國城老移民而言，真是有家歸不得。無論他們是不能或不願回中國的老家；無論他們是有家有室在中國，或一輩子光棍到底，隨著歲月流逝，他們逐漸了解，舊金山的中國城已經變成了他們共同的家園。也就是從他們開始，中國城的住宿旅館（residential hotel）成為這些漂流海外、舉目無親的華裔老人的家。

1965年後，新一波的中國移民隨著移民法修改（外國人來美條件的放寬）大量湧入。更多語言不通的華裔老人移入了擁擠的中國城。住宿旅館的需求也隨之增加。從一九四〇年代到一九七〇年代，整體而言，中國城的人口數並未增加；但老人人口數卻急速上升。資料顯示，1938年，中國城有兩萬人，其中老年人口為七千人。時至一九七〇年代，中國城人口超過兩萬，其中超過一萬人為老年人口，而住宿旅館提供了五千個老人的住房需求。另一半的老人則住在公寓、公共住宅、獨棟屋，或其他類型的房子。一般而言，中國城老人的日常生活空間非常擁擠。

住宿旅館供不應求的主因在於，大批新移民的華裔老人在言語不通、又不熟悉美國生活環境的情況下，視中國城的住宿旅館為僅有的選擇。能在住宿旅館找到一個房間，是他們最大的成就。

家，在住宿旅館裡

中國城的住宿旅館中有一半以上的房間是單人房。一九七〇年代，大約有一百二十個住宿旅館，四千五百個房間，分布於中國城的三十一個中心街廓。大部分的居民是獨居老人。住宿旅館的房間通常很小，大約六十到一百二十平方英尺不等，沒有個人衛浴及廚房。衛浴及廚房是共用的，但也有少數的住宿旅館中完全沒有衛浴及廚房。大部分的住宿旅館沒有玄關或休息室；單間的客房依序在每層樓排開，

日暮鄉關何處是？太平洋彼岸的中國故鄉，有著一個永遠在夢裡的家園。

公共衛浴及廚房間歇插入客房中。通常十到十二個房間共用一套廚房和衛浴。

住宿旅館的規模有大有小：小的可能只有六到八個房間；大的則有一百五十到兩百個房間。在小型旅館中，因為一層樓裡只有一套衛浴和廚房，所以「居民」的互動頻繁，彼此都很熟。但在大型的旅館中，很多「居民」住在同一層樓，一層樓中有不只一套衛浴和廚房。於是「居民」間的互動就有不同的模式。在某些情況下，同層樓的「居民」像一個大聚落，開始有小圈圈的出現。也有的情況是，只有大夥和個人，並沒有小圈圈的形成。然而，不論是哪一種「居民」互動，住宿旅館就是這些獨居老人的家；旅館中的「居民」就像這些老人的家人。臨晚鏡、傷流景，日暮鄉關何處是？太平洋彼岸的中國故鄉，有著一個永遠在夢裡的家園。

回溯了自十九世紀到二十世紀中葉，中國城華裔單身老人的生活空間與其形成的歷史之後，我們要在二十一世紀的今天，看看一百五十年後，住在美國矽谷郊區的台美族（美國籍台灣人）生活中所認同的中國城，以及他們所夢想的家。

矽谷裡的新中國城

「中國城？哪一個中國城？你是說 Cupertino（古柏地諾）嗎？ 我覺得古柏地諾就是中國城，因為購物中心到處都是中文招牌。社區公園裡碰見的也都是老中。」

「哦！你是說舊金山的中國城嗎？很少去耶。我不覺得舊金山的中國城跟我有什麼關係。」

也許，對華裔的獨居老人而言，中國城裡一間窄窄的單人房是他們唯一的家；對美國其他族裔各色人種而言，中國城象徵所有華裔美人共同的家。但是，來自台灣，二十多歲的小文卻大不以為然。小文自台灣的清華大學畢業就申請到了矽谷的史丹福大學。拿到史丹福的碩士學位後，她順利地在矽谷找到了一個待遇不錯的電腦工程師職位，從史丹福宿舍搬進了矽谷的郊區套房。一晃眼，小文來美國也有四五年了。問她去了幾次舊金山的中國城，她表示用一隻手的五個指頭算算都嫌多。另一位台灣來的電腦工程師安迪也和小文一樣對舊金山的中國城敬而遠之，問他為何不去中國城？「中國城好髒，好亂，好難停車。只有混不好的老中才在中國城。中國城是邊緣人待的地方！」安迪說。

從矽谷的古柏地諾到舊金山的中國城，不堵車時不過一小時不到的車程。但對像小文這幫六、七年級來自台灣的矽谷電腦工程師而言，卻是咫尺天涯；舊金山的中國城有如秦時明月漢時關一般地遙遠。這樣的疏離不只反映出台灣與中國近半個世紀以來，政治文化與經濟發展的分離，也反映出身處美國社會邊陲的台美族，對自身華裔文化的不安

全感。美國主流文化的郊區住宅是絕大多數台美族一心嚮往的美國夢。

郊區住宅台灣版

　　郊區住宅顧名思義，是坐落於都市外圍的獨門獨院住宅區。郊區住宅緣起於美國自二次大戰後，由於大量退伍軍人從海外戰場回到國內，美國政府需要提供大量住宅來安頓這些退伍軍人。然而，當時大部分的都市已面臨飽和、可開發空間有限；所以，公部門政策性地與開發商、銀行、建築營造業結合，推出了這種在都市之外的郊區住宅。在一九四〇、一九五〇年代，郊區住宅購屋者可容易地申請到比都市公寓利率低的房屋貸款；再加上許多大都市由於人口密度過高，面臨公共設施不足和犯罪率節節攀升的問題，大部分中產階級的美國居民逐漸搬離都市，遷入低密度、獨棟式的花園洋房。根據Helen Zia在她的《*Asian American Dreams*》一書中提到，第一代遷入郊區住宅的華裔家庭，主要是因為低利率貸款。其實，在一九六〇年代，經濟許可的情況下，華裔家庭還是希望住在離中國城近的公寓裡。因

中國城原本象徵所有華裔美人共同的家。但時移境遷，對現在台灣年輕移民而言，中國城是邊緣人待的地方。

為，中國城才是他們購物與社交的中心。像Helen家從 New York 的中國城搬到了 New Jersey 的郊區住宅後，全家最興奮的事莫過於每次去中國城大採購兼串門子。

台美族矽谷人的家園夢

　　在二十世紀末，郊區住宅已經搖身一變，成為美國主流價值的一部分。像小文、安迪這幫台美族矽谷人（工程師家庭）之所以喜愛矽谷的郊區住宅，除了是對美國主流文化的認同，更重要的是，高價位、生活環境好的郊區住宅通常都是好學區。好學區也就代表著他們的下一代會接受最好的美國教育，在美國有最好的發展。對於台美族矽谷爸媽而言，還有什麼比小孩的教育更重要呢？

　　然而，台美族矽谷人都融入美國的社區了嗎？令人跌破眼鏡的是，工程師太太們開始七嘴八舌地說起了大家在矽谷的最愛──「大華99」（華人連鎖超市）！住在大華99旁邊是多麼令人興奮的大事，因為：「我可以走路去買菜，上館子。而且在大華，你可以買到所有和台灣一模一樣的商品，租到港、台、中、韓、日的錄影帶，還可以做頭髮，應有盡有。一切都是說中文，真是太方便了！」「這裡真的好像在台灣喔！在大華，我常常碰到新竹園區的熟

從舊金山的中國城，到矽谷的古柏地諾、大華99，華裔移民從邊陲努力往主流靠攏的同時，這些地方仍扮演著心靈歸屬的重要角色。

人，有時候，都還以為自己是在台灣！」

好學區的郊區住宅與「大華99」，是矽谷台美族的美國夢台灣版。隨著大量往返於矽谷與新竹科學園區的「太空人」，新竹園區近郊的山區自一九八〇年代中期開始，當地的房地產開發商就不斷推出以美國郊區住宅為賣點的、美國化的台灣透天厝社區。許多從美國回來的電腦工程師和他們的太太們對於住在這些社區中非常滿意。因為他們覺得，「這裡好像美國！」

相對於十九世紀末、二十世紀初舊金山中國城的華裔老移民客死異鄉的無奈，這群二十一世紀的矽谷台美族工程師們，似乎為自己創造了一個流動的家。這個流動的家永遠游走於太平洋兩岸的矽谷與新竹之間。當他們在矽谷時，他們在大華99購物中心享受著一種「回到台灣」的興奮；當他們在新竹時，他們在美國化的台灣透天厝社區中過著「像在美國一樣」的生活。日暮鄉關何處是？是台灣，也是美國！

但，絕對不是舊金山裡的中國城！ ∎

本文作者劉可強為台灣大學城鄉所教授，
張聖琳為美國馬里蘭大學自然資源科學暨地景建築系助理教授

新竹園區附近的新興住宅群（下圖），模仿的就是象徵美國主流文化的典型郊區住宅（上圖）。美國夢的想望不言可喻。

漂泊中的永恆

Our parents warned us: Gypsies kidnap you. And we must never play
with Gypsy children: Gypsies all got lice in their hair.
——Robert Hayden 《*Elegies for Paradise Valley*》

唸小學的時候英文課本裡有一首童詩，意思和黑人詩人海頓所寫的這首差不多：孩子要聽話，不要到處亂跑，否則會被吉普賽婦人擄走——從此在幼小的心靈裡便對吉普賽人存有一份恐懼。他們的確會販賣小孩，不過是自己的小孩，1998年《The Seattle Times》刊登過一則新聞，報導一位十四歲的吉普賽小女生兩度被家人以一萬多塊美金賣給一個在亞歷桑那州的家庭，女生的祖母則說：「那是吉普賽人的習俗。」加上小說、電影、音樂劇等，不斷告訴我們吉普賽人愛偷竊、骯髒、放浪不羈、具預言能力……等等極美化又極醜化的種族偏見，讓人覺得吉普賽人就是神祕難懂。

羅曼人（Roma）是吉普賽人的自稱，根據語言、體質以及血型來看，人類學家認為這個族群源自於印度西北部的游牧民族（亦有學者認為是源於東孟加拉，而英文「Gypsy」一詞的產生，是由於早期西歐人誤以為他們來自埃及。吉普賽人第一次大型的流徙約於公元一千年左右，為了對抗伊斯蘭教徒的入侵，他們越過喜馬拉雅山後，沿著絲綢之路往西邊走，一直遷徙至亞美尼亞、埃及、土耳其，從非洲北岸經過摩洛哥，其後在十五世紀中葉左右進入西班牙，十六世紀遷至瑞典和蘇格蘭，十九世紀到美國及拉丁美洲。二次世界大戰期間，吉普賽人和猶太人、共產黨員、同性戀者和妓女同被納粹黨視為「低劣的族群」而被屠殺，超過五十萬名吉普賽人在這次「Porajmos」（專指納粹黨屠宰吉普賽人的名詞）中死去。直至1979年，聯合國正式承認吉普賽人為一個民族。吉普賽人往往被形容為「外來者」、「異國人」、「異教徒」，無論走到哪裡，都被瞧不起甚至被驅逐出境、追殺。跟猶太人一樣，吉普賽人經歷民族流徙（Diaspora），不同的是，猶太人有著悠久深遠的文化、歷史和宗教背景，因此對「文明」的猶太人，尤其是某些猶太歷史學者來說，他們跟那些邋遢的吉普賽「遊民」是完全不能相提並論的。

《Bury Me Standing》一書作者Isabel Fonseca說，吉普賽人對家園（Homeland）不存有夢想，「歷史對他們來說並不是重要的概念」，生存於當下才最要緊。他們重視家庭、家族，卻沒有國的概念，「群族生活象徵著一種絕對的權利和價值，包含著一個人全部的生存意義……脫離吉普賽社會，一個人就喪失了生命中最可寶貴的人倫和人格的依傍。……吉普賽人對群族生活的絕對信奉也是長期以來深受外部世界的歧視、排斥和迫害而造成的。」（黎瑞剛《吉普賽的智慧》）他們雖有自己的語言，卻沒有書寫文字（歐洲八萬吉普賽人口當中就有70%是文盲），因此族群的歷史隨著老一代的逝也而被遺忘，有些甚至不知道二次世界大戰期間數十萬名吉普賽人曾被屠殺；在保加利亞的吉普賽人，不會知道他們在波蘭的「同胞」曾經受過什麼苦難。

在中歐和東歐，到處也可以看到寫著「去死吧！吉普賽人」的塗鴉，捷克的吉普賽人一直受到種族歧視，即便出生於捷克，他們還是要經過冗長的手續才能夠申請到公民身分，當然也有很多吉普賽人不在乎這個。馬茲提納．拉班市議會更漠視政府的反對，堅持要在捷克和吉普賽民居中間築起一道150米的牆，前總統哈維爾認為，這句其實是道牆築在人民心裡、把吉普賽人封鎖起來的牆。當地的吉普賽小孩告訴美國作家Paul Polansky，他們心中的英雄是麥可．傑克森，夢想有一天自己能像他那樣變成一個「白人」。「We the Gypsies, we were meant to be wanders, no one will change our ways……」這句西班牙吉普賽歌的歌詞，也許反映了他們無畏抗爭的精神，只是在現實掙扎求存的過程中，這種精神在年輕一代裡多少已被「同化」所磨蝕。

1997年，英國出現來自捷克的吉普賽人難民潮，因為他們相信在英國一個星期所獲得的社會保障會比在捷克一個月還要多。1999年國際和平部隊進駐科索沃後，吉普賽人和塞族人成為科索沃人的報復目標，吉普賽人被迫逃離自己已居住七百年的「故鄉」，變得無家可歸。不論是自願或非自願，留還是不留，吉普賽人的家，彷彿是永恆漂泊中的種籽。（冼懿穎）∎

永續

掌握世界的變動節奏，拉近人文和經濟的落差，
以利他的理念，落實企業的經營和社會的責任。

保育

永豐餘　http://www.yfy.com

奈米、生物科技透過e化的平台，不斷地在造紙、印刷、顯示等產業
創新服務，共創優質生活的未來。

關於「家」的50本書
4本和其他46本

與家相關的網站推薦詳細介紹與內容，請上網查閱，網址為：

http://www.netandbooks.com/taipei/magazine/no15_myplace/web.html

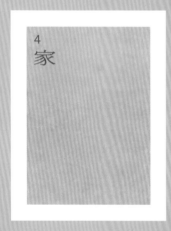

《家》 巴金／著 （遠流）

很多作家書寫「家」這個概念，是從私密角度與個人化經驗出發，向讀者展示他們獨特的家史再詮釋功力。但這本近代中國重要作家巴金寫於他二十七歲（1931年）的長篇小說，卻因為在禁錮時代裡成篇，所以由相反的創作路徑發起。巴金的「家」從共同經驗與集體苦悶為始，敘說那個封建色彩仍濃，年輕一代亟欲追求奔放自由、迎向新世界，卻時不我予，被停格在舊時代最後一鏡的無奈心事。這個家不盡然是巴金的「自宅」，卻更多程度反映「五四」前後、中日及國共戰亂前整個社會新舊交替之際，大家不得不共同承載的崩解中家庭文化屋頂。

故事以大戶高家的三兄弟遭遇為主幹，長兄歷經了喪父喪母喪妻的人生歷練，卻因此提前接下了「長兄如父」的心理責任，他對家族封建禮俗的反智及反人性成分感到荒謬憤懣，卻對繼母以降的種種家族約束無計可施；他既不能和真愛結合，在婚後逐漸接受的妻子，卻又因迷信（為免招致厄運）而被迫離開家生子，最後難產棄世。而相對於長兄無奈身分下的悲情，兄弟中的老二及老么則相當程度反映了思變掙扎及不甘被限制的痛苦抗爭，長兄最矛盾的地位又再次被凸顯——因為他其實是兩位弟弟的反舊家庭思想啟蒙者，卻又身兼有責但無改革權的舊家庭戶長。

這部小說在1996年《亞洲週刊》評選的「中文小說一百強」裡入選前十名。此書當年是以在報章連載的方式完成，後來也曾被香港的電視台改編為連續劇。當時如此膾炙人口的原因，也可能是因為作者巧妙透過這三兄弟青春愛情曲折不全的通俗悲劇因子，幫助一代人對舊家庭包辦婚姻的典型顢頇找到宣洩的閱讀出口。

從《家》之後，巴金又延續同一故事背景寫了《春》及《秋》，這三部小說後來被合稱為巴金創作里程裡重要的「激流三部曲」。儘管巴金筆下的《家》，在現今讀者看來根本已難激起什麼「激流」，也不再具有反動飢渴的舊家庭問題，但它仍然提醒了我們，當外在的世界邃變，關起門來的家卻是第一個掀波起瀾之處，在文學裡「家」好像很難主演什麼「溫暖的避風港」角色哩。（鄭俊平）

《鄉關何處》（*Out of Place*）
愛德華・W・薩依德（Edward W. Said）／著　彭淮棟／譯（立緒）

這是薩依德得知自己罹患白血病之後，決心為自己生長於斯的阿拉伯世界，以及早年在美國唸書的生活，留下一本主觀的紀錄。記錄的時間是從他出生的1935年到大致完成博士學位的1962年。

就如作者所說，這本書記錄的是一個基本上已經失去或被遺忘的世界。作為一個在耶路撒冷出生的巴勒斯坦人，1948年他所有的親族都已被掃離此地，而他幼年所熟悉的阿拉伯世界，如今就像一個經過沙暴的大漠一般，早已失去原有的景象，唯一可以依憑的就是存在於他腦海中的回憶了。1998年薩依德在開羅偶遇曾在家中工作三十年的管家，他們說起往事，他頓感「那段歷史與那些環境多麼脆弱、珍貴又稍縱即逝，非但一去不返，而且基本上無人回憶，未留記錄」，這讓他更確信為中東逝去的那些年代，留下一個非官方的個人記錄，是相當具有意義的。

薩依德的學生曾經轉述他所說的一句話：「由於疾病和年事漸高之故，我從來沒有像現在這樣明白這個事實——在任何地方我都沒有真正在家／自在的感覺。」一個出生在耶路撒冷、有著阿拉伯語與英語兩種母語、名叫「愛德華」的巴勒斯坦人，薩依德回首自己的一生時說：「我生命裡有這麼多不諧和音，我已學會不必處處人地皆宜，寧取格格不入。」這本書敘述了薩依德成長的歷程，他的家庭，以及隨著家鄉的失落，他一步步成為漂流的異鄉人，最後失去了對家的感覺。這本書不僅是薩依德個人的回憶錄，同時也讓我們藉此得以了解失落家園的巴勒斯坦人的處境，對於我們來說，他所試圖追憶的消失的世界，其實正是我們從來沒有真正去認識的世界。（徐淑卿）

《回家真好》　歐陽應霽／著　（大塊文化）

無論那是中環半山「BOBO族」半工半住、外中內西的唐樓、信義區24小時警衛保全智慧型的高級住宅、還是以紙箱為牆、橋底為屋頂的露宿者之家……有家可歸，總是好的。這個家，起碼有四道牆，讓人可以跟無親無故的、討厭的人隔離；家，有一個屋頂，替人遮風擋雨。這個名叫家的空間，就是可以給自己自由、保護自己的地方。進而是對家的感情，也許跟性取向一樣，遊走於極戀家和極不戀家的量表上，每個人心底裡總會有指向「回家真好」的那一點上。

有著家居雜誌般亮麗的照片，可是《回家真好》又豈只是介紹家居設計的書那麼簡單？如何定義「家」？歐陽應霽說：「家是空間格局的安排，光影氣氛的調協，家是人和人的關係，家是身體的歸宿精神的寄託。」總結了作者登堂入室走訪廣告人、攝影師、教授、時裝設計師等十八戶人家後的看法。牆上、樑柱上斑駁剝落的油漆漂亮地展示了某年春潮後的印記，而牆的顏色原來傳承自屋主對外婆的家的記憶；把「九龍皇帝」曾灶財這位香港「塗鴉大王」的墨寶，從街頭引入家中，印證了屋主受訪時所說的：「我希望我的周圍都是可以啟發思維、刺激想像的物件，有一個讓思想隨時發動的環境跟氣氛」……每位受訪者都在描畫屋內一事一物的由來，都在述說由此延伸出來的感情。其實，每個人的家，就等同他的一本個人傳記，裡面有血有肉，凡走過必留下痕跡——開放自己的家讓人參觀，就等同讓別人窺探自己的生命歷程。家是心之所在，你的家又在哪裡？（冼懿穎）

《小坪數住家裝潢事件書》 麥浩斯編輯部／編著 （麥浩斯）

在寸土寸金的城市裡，努力攢錢好不容易買下一個小小房子，該如何裝潢成屬於自己的「窩」？要讓小坪數的屋子麻雀雖小五臟俱全，既具備一個家所必須的完整機能，又要看起來明敞通透，還真是一門學問。放大空間有哪些不敗設計？又有哪些是必須捨棄的？哪些禁忌絕不可犯？本書告訴你，只要把握住拓展空間的幾個重點原則，即使只有五坪的房子也能創造一房一廳。

全書分為四個部分，即基本教戰、5到15坪、16到22坪和夾層屋，以九個精選個案為例，請十二位設計師現身說法，一一傳授空間變大祕笈。活用玻璃引光入室、以櫥櫃作為隔間、運用間接光源、大面透明玻璃窗、捨棄獨立的餐廳、多功能的家具、多採用淺色系、創造零碎空間的價值……，這些撇步有的耳熟能詳，有的別出心裁，靈活運用便能讓小房子立即變身。書中並貼心地不時穿插「設計師私房話」、「省錢妙招」、「布置妙法」等小方塊，也將每個案例的裝潢基本檔案和工程費用仔細列表，並附上平面設計圖。假使沒錢請知名設計師，看完這本實用指南，就能學會小坪數裝潢基本概念，甚至自己請木工來做也非難事。擁有大坪數居家的人也可參考，書中許多原則放諸大屋而皆準。 （蔡佳珊）

《空間詩學》（La poétique de l'espace）
加斯東・巴舍拉（Gaston Bachelard）／著　龔卓軍、王靜慧／譯　（張老師文化）

當來到一間布置溫馨的餐廳時，我們會異口同聲地說：「好有家的感覺喔。」可見得在人們某種共通的認識基礎上，什麼是「家的感覺」，並無須過多解釋。家屋的最初意象正是每個孩童所降生成長的那「第一個宇宙」，那提供庇護的「幸福空間」。作者以家屋作為分析靈魂的工具，以私密空間解讀人類記憶、想像與夢交織而成的詩學意境。「衣櫥與其隔板、文件格櫃與其抽屜、箱匣與其雙重底座，這些都是私密的心理活動活生生的器官。」

從家屋到窩巢之介殼，坐在溫暖小屋中的人與蜷縮洞穴中的兔子，所感受到的幸福有著源自動物性的雷同，跨物種的「深廣意識」的謎底亦在其中。本書為現象學重要著作，亦為探索人類靈魂地理學的一部參考書。 （蔡佳珊）

《家屋，自我的一面鏡子》（House as a Mirror of Self）
克蕾兒・馬可斯（Clare Cooper Marcus）／著　徐詩思／譯（張老師文化）

如果人生是一齣戲劇，那麼家屋就是劇中的布景和道具，主角的個性與故事皆反映其中。本書訪談了六十個以上的案例，這些人的住處包括工廠、船屋、公寓、大廈、郊區住宅等各式居所，作者讓每個受訪者先將對家的感覺畫成圖畫，然後以角色扮演的方式，讓屋主與他們的家屋對話。每個故事之中，人們皆在意識或潛意識下以家屋環境作為自我的象徵，社會地位、家人關係、童年經驗、自我完成……都可由家屋及其內容物得窺端倪；人與家屋之間的動力關係，也隨著生命階段的轉變而轉變。書末指出，超越有形的家屋，回歸靈魂所在，將是每個生命永遠的終極追求。 （蔡佳珊）

《The Origin of the Family, Private Property, and the State》
Frederick Engels／著（University Press of the Pacific）

身為馬克思至交的恩格斯，為共產主義的奠基人之一。這本《家庭、私有制和國家的起源》指出，早期人類盛行群婚，以母權建立氏族，財產為氏族共有。直到進入農牧階段，生產力提升導致財產私有制的形成，由母權制過渡到父權制，男人為了財產繼承必須確認子女為自己所生，一夫一妻的家庭形式才逐漸出現。而這種個體家庭力量的強大，又導致氏族崩解，促進了國家的興起。所以恩格斯認為一夫一妻制的形成根本是以經濟條件為基礎，而非愛情。在家庭中，丈夫是資產家，而妻子則是無產階級。要解決兩性的不平等，唯一方法就是讓女性回到公共勞動之中，而將所有生產成果回歸社會共有。只有摒除一切經濟考慮，才能回歸婚姻中愛情的純粹性。共產主義對女性主義的最大貢獻也在於此。 （蔡佳珊）

《家庭史》（Histoire de La Famille）安・比爾基埃（Burguière, A.）／等著　袁樹仁／等譯　（三聯書店）

三大冊，將近一千八百頁的篇幅，實在有些嚇人，但也同時展現了二十世紀五〇年代以來西方興起的家庭史研究的成果之豐碩。那麼《家庭史》又說了些什麼呢？開篇一章，作者先用人類學的眼光來探討親族關係與家庭，並從語源學的角度來呈現「家庭」一詞在歷史上的語意演變之內涵，並從而界定出本書所討論的家庭之範疇。論述的範圍，從西方的蘇美爾、埃及、希臘、羅馬，到東方的中國、日本、阿拉伯的家庭制度與文化現象；從教會、殖民到工業化、社會主義對各地的家庭所造成的影響等都有論及。是一本可以讓人對家庭文化得有一整體認識的大作。 （墨壘）

《中國婚姻史》 陳顧遠／著 （臺灣商務）

本書為1936年出版的一本關於中國婚姻文化的研究著作。作者陳顧遠引述上自四書五經以及各類史書、注釋，近至民國初年的常見婚姻相關法律，以婚姻的各種面向為主要架構，並以各朝代相關婚姻制度與風俗為例，撰寫了這本屬於中國婚姻的研究專書。本書從婚姻在中國的語源依據開始探討婚姻的意義，進而研究婚姻人數及各種婚姻方式，最後則以結婚的成立、婚姻的效力一直到因為各種因素而導致婚姻關係的消滅做結。由於本書完成時間大妻財產制尚未確立，因此關於離婚的部分觀念與現在有相當程度的不同，不過也可藉此看出當時對於此一議題的看法。（繆沛倫）

《中國的年譜與家譜》 來新夏、徐建華／著 （臺灣商務）

本書分為兩大部分，一為「年譜」，一為「家譜」。年譜部分由來新夏撰寫，其中對於年譜的「譜主、編者、體裁、體例、流傳狀態、史料價值」及年譜的工具書都有介紹。家譜部分則由徐建華撰寫，對於家譜的「發展、演變、名稱、類型、內容、結構、流傳」以及家譜本身具有的「避諱現象、禁忌、價值」都有闡述。家譜的作者除了對其起源及其政治上的作用，以及政治人物如何藉由家譜來獲取權力等有關簡短的重點介紹之外，對於因此而引發的一些諸如偽造家譜等有趣現象也不忘略加著墨，因此篇幅雖小，但對想要了解家譜全貌的讀者確有著不小的助益。（墨墨）

《家庭，心靈的天堂》（Home Sweeter Home: Creating a Heaven of Simplicity & Spirit）

珍‧米契爾（Jann Mitchell）／著 葉康雄／譯（博覽）

家庭的意義是什麼？是夜宿的旅棧，還是職場之外的居所？家庭的意義是由家庭成員所賦予；換言之，家庭足心靈的天堂還是精神的牢籠，取決於家庭成員是否用心經營家庭。作者在本書提倡一種「回歸家庭」的價值觀，實踐的方式包括過簡單平淡的生活、為家庭的重要事件設計有意義的儀式、用心布置溫馨舒適的空間、家人共同分擔家務、規畫有創意的家庭娛樂活動、收集家庭照片、親子良性溝通……這些日常瑣事的點點滴滴無形間塑造了家庭凝聚力，成為家人樂於回家的理由。而家庭的良好氣氛也有助於培養孩子的健全人格。即使是獨居者，也能藉由享受獨處時光、和親朋好友保持聯絡、簡化生活步調、提高身心效能，使一個人的家庭生活仍能達到心靈的滿足。（楊郁慧）

《家庭會傷人：自我重生的新契機》（Bradshaw On: The Family）

約翰‧布雷蕭（John Bradshaw）／著 鄭玉英、趙家玉／譯（張老師文化）

我們常聽到「我的家庭真可愛，整潔美滿又安康」的歌詞，也常聽到「天下無不是的父母」的俗語，但「家家有本難念的經」，往往每個家庭互動關係下的真實系統，常呈現著毒性教規、虐待與權力關係等負面影響，透過言語、肢體與暴力的形式，讓家庭成員在不知不覺中遍體鱗傷，甚至以相同的方式對待手足或下一代。本書所談的家庭關係，既不甜蜜也不溫馨，但卻真實而清晰呈現家庭系統互動的真實面貌，就像剝開洋蔥常會讓人淚流滿面，剖析家庭互動關係的內涵，往往使人感到傷痛與煎熬，本書帶領讀者以成長後的眼光重新看待原生家庭經驗，並且一步步引領讀者獲得復原的力量。（施睿誼）

《回家：結構派大師說家庭治療的故事》（Family Healing）

薩爾瓦多‧米紐慶（Salvador Minuchin）、麥克‧尼可（Michael P. Nichols）／著 劉瓊瑛／等譯（張老師文化）

我們常用「問題家庭」來推論「問題孩子」的成因，這不僅說明家庭對人的影響程度，也將解決問題的焦點由個人延伸至家庭。本書的核心──「家族治療」是以系統性的思維看待家庭內的互動、溝通與角色關係，作者米紐慶是結構派家族治療的大師，從自述的家庭經驗中，呈現家族治療師的學習歷程與思維邏輯。並將多年來協助家庭解決危機、陪伴家庭成長的經驗，透過生動而清晰的對話，將家族治療師縝密的思考脈絡平易近人地呈現在讀者眼前，也得以窺見家庭互動的真實面貌與運作方式。雖然呈現的是作者的治療經驗，但每則言簡意賅的家庭故事背後，卻引領讀者檢視己身的家庭經驗，並探尋自我整合的桃花源。（施睿誼）

《另類家庭：多樣的親情面貌》（Family-by-Choice: Creating Family in a World of Strangers）

埃亨（Susan Ahern）、貝利（Kent G. Bailey）／著 鄭清榮、諶悠文／譯（天下文化）

從戰後嬰兒潮的一代開始，人類由於都市化，開始尋求學或工作大量遷徙，加上離婚率高升，家庭觀念也因而需要調整。以往農業社會的大家庭不復存在，每個人與真正有血緣的人相聚的時間遠不如工作上的同事或社團同伴，傳統上血親為家庭的觀念無法滿足現代人對家庭親密感的需求。在《另類家庭》中，作者以理論、案例交織的方式描述現代家庭與傳統家庭在本質上的差距，並且提出現在已有的實例，包括好友、網路、同事等組成的「後天家庭」遇到的種種現象。儘管沒有人可以選擇先天的家庭成員，但是透過後天家庭成員的相互支援，依舊可以建立親人般的情誼。（繆沛倫）

居住的家

《中外傳統民居》 荊其敏、張麗安／著　（百花文藝）

誠如作者開宗明義所言，「家居是人類建築活動的源本。」故本書所專注的主體便是全世界各地域、民族自古沿今最具代表性的傳統民居建築。以其他慣以中外系統分開討論的作法，本書將中外各域的民居分門別類地以建材及使用型態來區分，共有生態家屋、石頭的家、木頭的家、竹木的家、葦草的家、地下的家、土中的家、游動的家等八大類，另外作者亦針對細部裝修、裝飾另闢一章節。

有趣的是，在現代建築設計的系統，作者亦再增列現代的家、大設計師的家及家屋設計，做了簡明扼要的敘述與圖像呈現。對於世界各國民居有興趣或想入門認識的讀者而言，是一本相當實用的工具書。（Ricardo）

《A Home in the World：Houses and Cultures》

Martine Laffon、Caroline Laffon／著　（Harry N Abrams）

這並不是一本介紹倫敦鄉村的英式小屋或者位於地中海的度假別墅的書，而是回頭看看位於亞洲及非洲的當地民族在建構家園時，因為文化背景及地理環境的不同所表現出令人驚奇的智慧與創意。在西藏，當一個房子要建好時，會先把染滿顏料的布釘牢在門框上，再將麥梗灑在地基上；在印度南方，當地居民會把家裡的廚房擺在房子的西南方，因為他們相信那個方向屬於「火神」……這些動作都象徵著祈求未來「家」的平安與茁壯的元素。本書在探討「家」的角色同時，也讓讀者進一步思考人與居住的關係，書中並涵蓋家屋如何抵抗大自然的力量及環境的影響，更是人類長久累積而成的無形瑰寶。（Henry）

《中國傳統民居建築》 王其鈞／著　（南天書局）

中國傳統民居建築自有其悠遠歷史脈絡，一般此類主題建築書籍大都偏向專業的建築形式與用語的介紹，本書作者以自身美術系的背景學養，不僅完整而有系統地介紹中國大陸各省分的傳統民居，在文字敘述及觀念上還導入了中國特有的美學觀和雅致的文學觀點，進而導引讀者重新認識固有傳統建築之美。

本書章節從第一章「美的探求」先定位民居深厚而溫婉的內蘊美學，而後再從平面分類、大木架構一路談到各省分的單棟形式樣貌、群集的村鎮面貌、公共空間，最後再由各建築元素的剖析解說，細究藝術語言的布置、細部裝修的考究等等，整本書等於從頭至尾讓讀者經歷了一場由巨至細的豐富建築之旅。（Ricardo）

《說園》 陳從周／著　（木鐸）

陳從周為著名的當代中國園林建築藝術家，畢生對中國古建築的研究與發揚不遺餘力。西方人初識中國園林之美常從紐約大都會博物館之「明軒」開始，此即陳從周移建蘇州網師園之作。

陳從周踏遍南北各地名園，《說園》五篇，於1978到1982年間陸續寫成，以優美簡練之散文，寓情於理，細究中國園林奧妙。「中國園林是由建築、山水、花木等組合而成的一個綜合藝術品。」作者認為園林的美不僅在於景色，更在於其中蘊含著文化歷史的深度，園林之最者，能將山水自然與詩情哲理相交融，達到「雖由人作，宛自天開」的境界。書中也直批現代風景名勝的商業化趨勢，以及諸多治園時常見的謬誤，「一枝之差，全園敗景」，造園者豈不慎乎？（蔡佳珊）

《風水鉤沈：中國建築人類學發源》 艾定增／著　（田園城市）

你相信風水嗎？你家請人勘定過理勢吉凶嗎？不管信與不信，我們都生活在一個深受風水觀念影響的環境裡。風水與「家」有何關係？本書作者指出，中國「家」的觀念遠重於「社會」的觀念，家族帶來的祖先崇拜，以及對土地緊密的情感，都促使風水觀念根深柢固。作者在充滿原始信仰的江西東鄉成長，而後學習建築。他從文化史、建築人類學等多重角度娓娓寫來，細述風水發展的歷史，與各派風水勘輿學之理論與應用，脈絡清晰，不涉玄祕。他自言風水是「中國神祕文化網絡上的一個死結」，寫成此書，是為了澄清一池渾水，讓大家不被錯誤的風水觀念與術士所害。（朱致賢）

《明式家具珍賞》 王世襄／編著　（南天書局）

明代至清代前期是傳統家具的黃金時代，有許多工料精良、藝術價值極高的家具流傳至今。家具供居家之用，其設計演進須能配合生活之所需，故賞古代家具、從細部的造型規律觀察其如何被陳置使用，如同展開一部中國古代家庭文化史。

本書將家具種類依功能分為椅凳、桌案、床榻、櫃架四大類，再分述其下細項。明至清前期家具造型看似式樣紛呈，匠心獨具，其實任何細部式樣均有道理考量；如：畫案、畫桌為了便於站起來作畫，便不宜有抽屜；而書桌、書案為了便於收納書籍文具多有抽屜。此外，細究明代家具精密的榫卯結構更是令人稱嘆，從選料、線腳、攢鬥、雕刻、鑲嵌，以及附屬構件莫不細膩考究，顯示出彼時對家具陳設和生活起居的關注與追求。（楊郁慧）

《Small Urban Interiors: 500 Solutions for Living》 Ana Cristina G. Cañizares／編著 （Universe）

在上個世紀，設計師追求的是如何把各種家電融入在室內的每一個角落；這個世紀開始，現代人講究的是摩登氣氛和時尚感，力求塑造自己的style空間。

試著想想，只有個15坪大小的空間，不論是要當作住家或者workroom。或許利用顏色可以提升對空間的舒適和溫暖感受；選擇挑高的天花板，因為有了夾層，可以把空間加大；利用滑動式的門，或者組合式衣架，去替代固定的牆，讓家中的陳設可以隨著自己的心情任意替換。這本書有500種設計方案，涵蓋東西兩方的元素，提供讀者應用於現實生活上。簡易又方便查閱的目錄，清楚地把每個耳目一新的小技巧展現於眼前。 （Henry）

《來蓋自己的房子》 梁坤明／著 （常民文化）

有人喜歡買預售屋，有人喜歡透天樓房，然而對於如梁坤明這樣的人而言，自己動手蓋自己的房子則是他「安身」最重要的觀念。也因此，作者以他個人豐富的蓋屋、修繕經驗，細說市井百姓如何在現代社會中尋求自身房屋的建構。

作者以案例及營建各部分的流程關係來解說自己動手蓋房子可能或一定會遇到的問題及狀況，譬如如何跟工人打交道、如何監工才不會讓工人有「摸魚」的機會，或者簡易的名詞小辭典等等，甚至對於鋼筋混凝土、磚造、木造、石材不同結構材料、構造的建築經驗，都貢獻出他寶貴的經驗供讀者參考。 （Ricardo）

《金窩、銀窩、狗窩：人類打造舒適家居的歷史》（Home：A Short History of an Idea）

黎辛斯基（Witold Rybczynski）／著 譚天／譯（貓頭鷹）

試想直到十六世紀，在英文裡面對於「舒適」一詞仍與現代字義有著極大差距。這是因為中古世紀無論貧富對於「居家」無從重視，而對於舒適乃至於住家概念其實是在這五百年之內才逐漸發展而成。在《金窩、銀窩、狗窩》一書中，作者隨著時代的演進為脈絡，從十七世紀隱私觀念的慢慢建立；布爾喬亞階層對於居家整潔的堅持；十八世紀起英國、法國與德國開始注重家具與室內設計；二十世紀初由於都市化與電燈帶來的照明革命，使得居住品質開始邁入現代，本書都一一介紹。在經歷了華麗、效率、機能等居家議題的探討，最後回歸「舒適」為居家的核心條件。 （繆沛倫）

《追憶似水年華》（A la recherche du temps perdu）

普魯斯特（Marcel Proust）／著 周客希、張小魯、張寅德／譯 （聯經）

從一片沾過茶水的小瑪德萊娜餅，回憶之流從追憶者馬塞爾的嘴角緩緩逸散開來，童年時的居住地貢布爾，透過作者無限綿密的思緒，啟動了所有的感官回憶，實體的家園意象從聽覺、嗅覺、觸覺點點滴滴型塑，對家園的情感則從身旁互動交錯的斯萬家、蓋爾芒特家、愛人朋友、儒紳作家……等等的追憶中一一體現。一波波時光之流於此早已擺脫歷史的閣樓，與追憶的此刻揉合為一，作者窮極一生追尋的家的意象與背後的永恆真諦，也在不斷的追憶中得以創造。 （黃佳慧）

《自己的房間》（A Room of One's Own） 維金尼亞‧吳爾芙（Virginia Woolf）／著 張秀亞／譯（天培）

在1928年，如果一個女孩子想寫作，她最需要什麼？吳爾芙的答案是有錢，並有自己的房間。

有錢，是表示經濟獨立，無須再仰賴男人；而擁有屬於自己的房間，則象徵女性地位的提升以及進一步的心靈的自由。一旦女性不再唯男性是從，她也才能說自己心裡的話，為自己發聲。

吳爾芙的答案，也許在今日看起來毫不起眼。但現在在許多家庭裡，書房大多都屬於男性，女性的空間又在哪裡？

本書雖為作者在英國女子學院的演講集結而成，但其獨特的文采與風格，也可一窺作者文學上的不凡成就。 （詮斐）

《浮生六記》 沈復／著 （黎明）

雖曰「六記」，但真為沈復所作者只有「四記」，其餘〈中山記歷〉、〈養生記道〉，則為後人所續。本書最為人所熟知的是沈復和陳芸之間的愛情故事，但是從書裡還可以看到傳統社會中讀書人的家庭生活，不管是居家養花蒔草的閒趣、友朋間飲酒賞花的快意，乃至於周旋於婆媳之間的狼狽，為稻粱謀而僕僕風塵的辛勞，作者娓娓道來，令人歷歷如在目前。

當然藉由這本書，也可以領略到中國傳統社會的家庭，不僅是一個人的依靠，同時也傷害個人最深。沈復和陳芸不為尊長所喜，因此不得不離開家庭，骨肉四散，這也是作者寫來最為沈痛的地方。 （徐淑卿）

《山居歲月》(*A Year in Provence*) 彼德‧梅爾（Peter Mayle）／著 尹萍／譯（季節風）

英國籍作者梅爾本是資深廣告人，因為不滿足於每年短短的普羅旺斯假期，毅然告別光鮮體面的紐約生活，和妻子遷居法國南部鄉間的普羅旺斯，充滿「逐夢」的勇氣和行動力。本書便是普羅旺斯家居生活一年的紀錄；既有外來者的新鮮目光，也有幽默自嘲的在地觀點。

全書以月分為經，以氣候為緯，細述普羅旺斯的日常瑣事、春夏秋冬，並以輕緩的書寫節奏呼應當地的生活步調。和觀光假期不同的是，家居生活更貼近一時一地的真實脈動，因此作者對遊人如織的熱門景點興趣缺缺，卻忙著改造家屋和逛市集。本書在西方數國和台灣均是暢銷書，甚至形成被稱為「梅爾效應」的普羅旺斯觀光潮；相信書中充滿美食佳釀陽光——似乎「每天都在度假」的家居生活，必讓許多讀者心嚮往之。（楊郁慧）

《托斯卡尼艷陽下》(*Under the Tuscan Sun*) 芙蘭西絲‧梅耶思（Frances Mayes）／著 梁永安／譯（臺灣商務）

任教於舊金山大學的女詩人，因為期待改變自我而在義大利托斯卡尼鄉間買下一棟名為「巴摩蘇羅」（意為「思慕太陽」）的老房子，成為每年假期時的第二個家。老屋層層積累著時間的痕跡與記憶，作者和丈夫在親自動手修復老屋的過程中，不時挖掘揣想著老屋的身世，彷彿也在日常瑣事中修復著自我。托斯卡尼鄉間的山城、食物、風俗與歷史，透過詩人的靈犀之眼，是生活中的生活。都市人重拾對季節的敏感和對時間的從容，重新與大自然發生連結；這是一個讓她從房子的禁錮中得到解放的「家」，而童年回憶則不時透過氣味或食物在悠然的鄉居生活中顯影。

若說托斯卡尼是作者安頓身心的所在，那麼美國的家與生活則孕育了作者思維與文化根源；兩者相互映照，彼此撐持。（楊郁慧）

《西雅圖妙記》張妙如／著（大塊）

在家鄉過平常的日子，在異鄉過平常的日子，一樣是要為衣食住行柴米油鹽而張羅，但是如果當中加插了「文化衝擊」、「雞同鴨講」的語言障礙……糗事一籮筐，換另一種角度來看，生活小細節其實也可以變得很有趣。這本以大紅中國風為封面設計的作品，是「外籍新娘」張妙如移居西雅圖兩年積累下來的生活體驗。作為一個Soho分子，居家時間占去了她生活的大部分，於是我們便看到她如何積極發揮創意點子——建魚池、砌桌子……讓這個異鄉之家更有屬於自己的窩的感覺，也不負「DIY女王」的美譽。

看Miao和丈夫阿烈得所經歷得一切，大事如切除扁桃腺手術，小事如到IKEA購物，著實令人啼笑皆非。其實，對家的感情也就是這樣細水流長、一點一滴堆累而成的。（冼懿穎）

相處的家

《紅樓夢》曹雪芹／著（桂冠）

傳統中國最家喻戶曉的家族故事。書裡既描繪了人間繁華生活的極致，不管是飲食服飾的講究、詩酒戲曲等賞心樂事的興味、有情世界的參透，乃至對大家族裡的人情世故、勾心鬥角的細膩刻畫，《紅樓夢》就像大觀園一樣，呈現一個富麗而精緻的家族生活的縮影。而從家族的興衰中，《紅樓夢》道盡人世蒼涼的本質。如果說，家族是傳統中國社會的骨幹，一旦家族崩毀，個人也將漂浮於天地「落了片白茫茫大地真乾淨」，此時回首之前的浮華盛景，應該領悟「人生如夢幻泡影」，如「鏡中花，水中月」，不過是一段枉自痴迷的人生幻相罷了。或可這樣說，《紅樓夢》不僅是中國近代最精彩的一部家族小說，同時「紅樓夢魘」還蠱惑了許多現代小說家，使他們難逃《紅樓夢》的影響。（徐淑卿）

《卡拉馬助夫兄弟們》(*The Brothers Karamazov*)
杜斯妥也夫斯基（Fyodor Dostoevsky）／著 耿濟之／譯（志文）

是一個以謀殺揭開序幕的通俗故事，也是緊扣宗教和哲學思想的小說，《卡拉馬助夫兄弟們》是杜斯妥也夫斯基最後的巨著，其中可能解決了所有哲學家對人存在情境的困惑與質疑。如果將全人類視為一個大家庭，那麼人的問題全部都濃縮在這個叫做卡拉馬助夫的家庭裡。代表原始之罪的父親被四個兒子當中之一謀殺，四個代表不同人類形象的兒子身上雖然都流著卡拉馬助夫卑劣的血液，但四人對這原始罪惡殊異的反應也導致他們不同的命運。

罪與惡是存在的，但是對於「神到底存不存在」的問題與答案，是人界定自我意志和個人自由的邊際。（Clain）

《*One Hundred Years of Solitude*》 Gabriel García Márquez／著（Harper Collins）

一個沼澤城鎮馬康多的建立，肇始於一個邦迪亞家族的誕生。

故事從老邦迪亞與易家蘭兩人的結合開始，邦迪亞家族的命運齒輪就此開始轉動。邦迪亞家族的男性總是呈現某些特質：強壯勇猛好冒險，以及對知識奧祕的極度渴求，這些特質卻也譜下不斷惡性循環的生命悲歌。與邦迪亞家族相連的女子，不論有無血緣關係，總是扮演著強韌、感性卻也保守的折衝角色，不斷發揮支撐與留守家族的功能，但也是邦迪亞家族命運終將無法逆轉、從盛轉衰的關鍵人物。百年過後，輾轉六代的邦迪亞家族隨著馬康多城的傾圮一同湮滅，而這一頁家族興衰史，早已書明在百年之前。（黃佳慧）

《家變》 王文興／著 （洪範）

《家變》是關於一個在台灣長大的知識分子，在傳統家庭與西化教育下的人格轉變過程的小說。小說雙線進行，先以主人翁范曄廿七歲時，父親離家出走，范曄不得不去尋找父親開始敘述；另一線敘述范曄小時候和父親、母親一起生活的甜蜜；及至范曄慢慢長大，對小時候奉為圭臬的父親教誨開始嗤之以鼻，以致父親出走久未尋獲，反而主角與母親漸漸習慣這樣的生活。本書是現代知識分子在台灣一九六○年代成長的縮影，呈現面對傳統家國觀念與西式的個人意識之間的矛盾。王文興以鏗鏘而富聲韻的語言，暗含批判與諧弄，譜寫現代知識分子面對現代化時的內在變貌與掙扎。「家變」是一個家庭的鉅變，也是家庭結構與觀念的變化。 （林盈志）

《聆聽父親》 張大春／著 （時報）

文學頑童張大春的深情之作，但這深情，卻顯得極其幽微。

幽微也許是傳統的父權桎梏，那不僅囚困了父親，也囚困了兒子。

本書是作者對著未出世的兒子細述自己的家族史，尤其是自己的父親。當家族的成員一一到齊，家族的輪廓漸漸清晰，作者對父親也更靠近一步。只是這靠近，依然喚不回父親的青春與過往。

藉著本書，我們讀到一對父子雖然不多卻令人印象深刻的互動，也讀到一個時代的家庭觀。 （詮斐）

《多桑與紅玫瑰》 陳文玲／著 （大塊）

故事從一本藏在衣櫃裡的筆記本和兩部電影講起，作者逐一追溯家中成員與母親的關係，並訪問了多位在母親生前與她有所糾結的人，從中拼湊出自己母親的輪廓。

作者從想念出發；她的書寫是一番不肯讓回憶死去的努力。作者為了安慰自己而寫，敘述中竟完全不見自憐或怨恨——於是我們相信，就算沒有一個家的形象，一個人仍然可以是一個家，只要她安了心。

這一場企圖在已被判定為失去的結局裡執意尋找收穫的旅行，不但讓作者治療了自我，也安慰了許多顆想找一處地方安置卻惶惶然無所獲的心。也許，成長在完整家庭的小孩可以寫出作文範本式的甜蜜之家，卻似乎要由破碎家庭才孕育得出無可取代的獨特人生故事。 （陳翠明）

《廚房》（Kitchen） 吉本芭娜娜（Banana Yoshimoto）／著 吳繼文／譯 （時報）

「妳是怎麼判斷屋主的喜好？」男孩問。「廚房。」女孩答。

少女父母雙亡，由祖父母帶大；其後祖父母相繼過世，使少女的「家」只剩她和一個空殼子——還有廚房。少女對廚房產生深厚依戀，每晚都要臥在廚房冰箱邊，聽著冰箱運轉的馬達聲才能沉沉睡去。祖母生前認識的花店男孩邀請少女到家中同住，於是男孩、少女和男孩的母親（其實是男孩變了性的父親）三人組成新家庭；少女逐漸由失親的孤獨中走出，不時在新家廚房為「家人」烹煮食物。不料，「美滿家庭」的憧憬又被死亡粉碎，家庭溫情如何在死亡後延續下去，成為存活者往後生命的一道關卡。

「家庭」是芭娜娜小說裡宛如賦格般反覆浮現的主題；一個充滿愛的空間，足以跨越所有傳統的家庭束縛。 （楊郁慧）

《紀實與虛構》 王安憶／著 （麥田）

近年作品多產、創作力旺盛的小說家王安憶，幾乎已很難和上海這個地標脫得了關係。這一次，王安憶用紀實的外衣虛構了她的上海家族歷史，在這本又像童話實說（書名卻又先揭示謊報可能）的追憶式小說裡，你可以看到王安憶從母親的身世出發，追問自己家族久住上海卻總難融入生根的理由。王安憶曾點明本書「虛構」二字是小說家的特權；不過從這本巨細靡遺的家族史裡，你更容易體會到這種「特權」也得要靠一個敏感的創作心靈才有辦法行使——我們對於自己的家、故里之「實」尚且不能如本書那樣細密貼近觀察，又哪裡生得出這種虛構的、造假的，卻又能服人的想像？ （鄭俊平）

《海神家族》 陳玉慧／著 （印刻）

故事從台灣海島的一個家族談起。時空拉至日據時代，琉球人三和綾子遇上台灣人林正男，故事的軸線就這麼展開了。從自己的存在往上延伸，外婆、外公、叔公、媽媽、阿姨、爸爸、祖母……，家族架構慢慢擴大，時空背景不斷遞嬗，即便舞台上主述的主角不同，卻總是述說著同一脈絡的家族故事。作者娓娓道來一段段家族情事，不慍不火地哼唱著家譜，流暢如水的曲調有時溫婉動人，有時卻又扎得人心疼。

於此，我們得以拉拔長大；於此，我們有個靠岸休憩的港灣；也於此，我們倉皇逃離，怨懟著此生難解的手足父母情。家，讓我們親密相依，竟也讓我們冷漠疏離。 （杜一）

《安琪拉的灰燼》（Angela's Ashes）法蘭克・麥考特（Frank McCourt）／著　余國芳、陳重亨、莊靜君／譯（皇冠）

「那是個悲慘的童年，快快樂樂的就不值得一顧了。」被太陽遺忘了的濕冷愛爾蘭，貧窮的一家子：愛喝酒的爸爸，生了很多小孩、身體羸弱的媽媽，幾個男孩，和沒有牛奶只能喝糖水的寶寶，餐桌上不是沒有食物，就是只有冷硬的麵包。對抗這些悲慘狀況的方法，或許只剩下幽默。

孩童的純真與天真，映照出現實的無情與殘酷，但卻也淡化了種種愁苦，所以，多年之後，對於家族歷史的記憶，可以是荒謬喜劇的黑色，而不是黯淡無光的窘迫。灰燼，一點餘溫，在寒冷中，卻是彌足珍貴的光和熱，是生命的韌性之所由。（莊琬華）

認同的家

《烏托邦》（Utopia）　湯馬斯・摩爾（Thomas More）／著　宋美璍／譯（聯經）

本書的書名毋寧比本書本身更名得太多太多，以至於很多人只知其借喻而不明所以。就書的閱讀位置來說，它的「經典」地位也比真正去讀它的趣味崇隆得太高太高。事實上，曾當過英王亨利八世宰相，後來卻又因宗教理由而被處死的摩爾，在《烏托邦》裡，雖然藉由虛構的書信、文件、法律揭示了烏托邦國的種種典章制度──當然這些設計對現代文明世界根本不敷所需，而且摩爾的理想國裡很多事之所以美好，最終竟然還是要靠「人性」的自我昇華（如有資格享特權者自願放棄特權）。

但「烏托邦」的不全想像卻也正是這部書偉大的理由，更多活在摩爾之後的人類，對理想家國的憧憬，可能還不如摩爾的思索深刻。或者這麼說，摩爾敢做烏托邦的夢，我們卻只能對進步的可能嗤之以鼻：「這是烏托邦式的想法」。（鄭俊平）

《族群》（Idols of the Tribe）　哈羅德・伊薩克（Harold R. Issacs）／著　鄧伯宸／譯（立緒）

現代人因為孤獨，因為渴望尋覓家的溫暖感覺，所以特別容易依附於某種相同，相同的部落、相同的人種、相同的語言、相同的宗教或相同的民族。但除了取暖與互助，令人擔憂的是這種意識極易造成人與人之間的區隔，爭執，甚至仇恨與戰爭。

本書作者從文化人類學的基礎──部落偶像、身體、名字、語言、宗教、民族、歷史與起源、新多元主義，來探討集體認同與政治變遷，並提出當今愈演愈烈的民族主義運動將讓人類活在撕裂中的深刻警語。

族群是台灣民眾這幾年並不陌生的字眼，此書現刻讀來，仍然驚心。（詮斐）

《原鄉人：族群的故事》王德威、黃錦樹／編（麥田）

「族群」在政治的操作之中，往往只是虛幻的現實，割裂與對立的意義總是掩蓋了對問題細緻探究的可能。族群問題永遠存在，但分類的方式會隨著時間改變，甚至不同族群可以結合之後再重新區分，因為其背後是更基本的人與人之間的差異。如果缺乏足夠智慧去面對與處理這個差異，諸多問題就油然而生。不管是日據時代的異族共存、往前回溯到更早年代的台閩之爭，或者往後延伸到現在的異國婚姻，本書收集了多篇作品，文學家以其敏感而又犀利的眼，觀看不同族群個體的真實生活，他們揭露了問題，並提出各面相的思考。儘管問題可能無解，但卻可以因為了解、同理，而能夠更寬容地面對。（莊琬華）

《想像的共同體》（Imagined Communities: Reflections on the Origin and Spread of Nationalism）班納迪克・安德森（Benedict Anderson）／著　吳叡人／譯（時報）

本書是討論民族主義的經典之作。作者班納迪克・安德森在越戰時期投入反戰運動，開始接觸東南亞的研究，後來以這些研究完成了《想像的共同體》這本書。安德森認為民族主義是一個被塑造出來的「人造物」，是人們認識與理解世界方式的現代變貌，和人類邁向現代性的形塑過程相關。現代的民族主義與媒體（由十八世紀開始是報紙與小說）的語言相關，也就是民族主義是經由文字／閱讀想像出來的。相較於目前多數批判民族主義引發的民粹運動，安德森對民族主義抱持同情，認為唯有多方認識各種民族認同，才有可能去除各民族主義自我中心化的弊病，了解異己而與異己和平共存。（林盈志）

《無知》（L'ignorance）米蘭・昆德拉（Milan Kundera）／著　尉遲秀／譯（皇冠）

米蘭・昆德拉在小說《無知》中，問了一個問題：為什麼在《奧德賽》的故事中，人們只讚頌尤利西斯妻子等待的痛苦，卻不在乎和尤利西斯曾經生活過七年的卡呂普索的淚水？這個問題的意思是，為什麼人們給回歸、返鄉這麼高的位置？而不在意流亡者在流亡途中的生活？在許多歌頌返鄉或思鄉的作品中，《無知》從不同的視角描述返鄉者的心情。重回故土不見得是一種團圓，甚至是一種失落，他們流浪在外的歷程被抹煞，人們急著告訴流亡者家鄉所發生的事情，卻不想聽聽他們這些年的轉變，使得流亡者在家鄉反而像個異鄉人。從荷馬史詩以來，似乎為歸鄉的崇高價值定下基調，而《無知》則是為返鄉這件事情，寫下另外一個截然不同的版本。（徐淑卿）

《幽黯國度》（An Area of Darkness） V.S.奈波爾（V.S.Naipaul）／著　李永平／譯　（馬可孛羅）

《時代雜誌》（Time）稱奈波爾是「遠離了家園，但是卻比家鄉的任何人更了解這個地方」的人，他生長在英殖民地千里達，求學於歐洲的文明之都倫敦，他的父祖輩則來自於印度，曾經的英國殖民地。三十歲之後，他開始探訪那遙遠的家鄉，本書是他的印度遊記，同時也是尋根之旅。

在這趟旅程中，也許是長者講述的記憶太過美好，當他親眼看見印度存在的種種問題，深感震驚、厭惡與絕望，他的不滿溢於言詞，強烈而毫不留情地批評，甚至到了終章以〈奔逃〉總結。在先人的家園，他只能當自己是過客，是異鄉人，記憶中的鄉愁，只有多添惆悵而變得虛無，世界雖大，然歸屬之地已經模糊。　（壯琬華）

《城南舊事》 林海音／著（爾雅）

人最牢固不變的回憶，應該算是童年的回憶，老太太或許會忘記孫子足誰，但仍然可跟你娓娓道來小時候鄰居小男生如何欺負自己。林海音以個人童年回憶為藍本寫出了《城南舊事》，此書憶述的故事，發生在作者的心靈故鄉——北平。所謂故鄉，就是已無法觸及、卻積累著各種往事，是跟自己極親密的一個地方，是回憶的製造器。故事主要是小英子以旁觀者的身分，去看成人世界的悲歡離合，如命運坎坷親如家人的宋媽、「惠安館」的瘋姑娘……畢業典禮上小英子唱著李叔同寫的離別歌：「問君此去幾時來，來時莫徘徊……」。其實人離去後不一定要回故鄉，因為故鄉就在心裡。

林海音曾對女兒夏祖麗說：「家是永遠看不厭的」，正如泛黃的照相本子那樣，黏貼著自己和家人過去的生活瑣事，也總是百看不厭的。　（冼懿穎）

《出生在她方》（Née quelque part） 約翰娜／著　顏湘如／譯（大辣）

根、祖籍、家鄉、出生地、成長地、家……林林總總的名詞本來應該同指一地，但到了現今它們的面目卻變得模糊不清。這是一個法國女子到台灣尋根的故事。作者Johanna祖籍荷蘭，出生在彰化，成長於法國，想像中的台灣有一種說不出的吸引力，吸引她再訪這塊自己生命的發源地，拿著僅有的一張1960年的台灣地圖便出發。透過味覺，Johanna與這個地方有了第一個連結點，繼而憑著一點一滴的線索和第六感，一步步引領Johanna到「某些已經消逝、卻又讓我感覺無所不在的東西……」

尋根之旅是要解讀生命；重回當年父母走過的路，是要用心感受在生命中如此重要、血脈相連的人曾經有過的感受。經歷過後，她的體會是「再會了，鄉愁。我的行囊中不想再有你。」　（冼懿穎）

《飛閱台灣：我們的土地故事》 齊柏林／攝影　張中白、陳慧屏、吳立萍／撰文（秋雨文化）

基礎攝影理論有言，從高處往下俯瞰係一種全知觀點，提供人們假扮上帝的機會，看盡底下如螻蟻般庸碌奔忙的眾生相。齊柏林可謂是台灣最專業的上帝假扮者，原本乘直昇機空拍只是他的興趣，後來卻激發了鄉土記錄的志願。書中的空拍照片，呈現了「地面人」不知的家鄉之美，許多我們熟悉的生活空間與休閒景點，顯得親切又新鮮。書中很大一部分照片也以巨觀、冷靜而抽離的視角顯露了家鄉之醜。無論是鋪滿城市頂樓的鐵皮加蓋、土石流從中奔流的山地部落，還是被工廠或魚塭合力染黑染黃的河川……沒有掲瘡疤似的特寫，或是聲嘶力竭的控訴，卻讓人感受到更為巨大的震動與悲憫。　（朱致賢）

《地動情長：九二一家族記》 張蒼松／著（經典雜誌）

沒有經過劇烈的變動，你如何能體認你和家人、你和住屋、你和土地的深刻關係？

九二一大地震摧毀了無數人的家園，許多家庭流離失所，「家的形式頓時化為帳棚、自用車、貨櫃屋、營房和組合屋」，但存活下來的人，依然肩倚著肩，勇敢地自廢墟中站起來。攝影家張蒼松以田野調查的方式，記錄了災後三十七戶家庭的重建之路。影像分別停格在1999年災難現場及2004年的落腳之處，兩相對照，孩子長高了，老人離席了，家換了面貌，就在他們凝視鏡頭的剎那，一則則家人與家園的故事，已盡在不言中。　（藍嘉俊）

《不只是蓋房子》 胡湘玲／著（野人）

就因為心田內的一個小小夢想，遠在海外的學人，透過讓人類更疏離的網路，竟然熱絡地集結了一群人，每人捐贈都會生活寶貴的時間，分時分工來到台灣的潭南小村落，試圖打造一棟純手工的房舍。汗水淋漓的勞動、人與人直接緊密的往來、人與大自然貼身肉搏卻又唇齒相依的歷練，參與造屋的每一個人，透過久違的身體勞動，竟然帶出另一番心靈的重整，在夯土、刨木中進行的砌屋歷程，竟也是自己與過往、未來的和解與釐清。

「做」，是讓起厝、起家卓然成形的根本：脫掉儒生樣貌與都市人行裝，人人都可激發無窮潛力的發生。書內充斥著作者澎湃的情感，也存在著辯證不休的思想脈絡，激盪出更多人與環境的互動思考。　（杜一）

■

Net and Books 網路與書的書目

0 試刊號

>特集
閱讀法國

從4200筆法文中譯的書單裡，篩選出最終50種閱讀法國不能不讀的書。從《羅蘭之歌》到《追憶似水年華》，每種書都有介紹和版本推薦。

定價：新台幣150元

存量有限。請儘速珍藏這本性質特殊的試刊號。

1《閱讀的風貌》

試刊號之後六個月，才改變型態推出的主題書。第一本《閱讀的風貌》以人類六千年閱讀的歷史與發展為主題。包括書籍與網路閱讀的發展，都在這個主題之下，結合文字與大量的圖片，有精彩的展現。本書中並包含《台灣都會區閱讀習慣調查》。

定價：新台幣280元　特價199元

2《詩戀Pi》

在一個只知外沿擴展的世界中，在一個少了韻律與節奏的世界中，我們只能讀詩，最有力的文章也只是用繩索固定在地面的熱氣球。而詩則不然。
（人類五千年來的詩的歷史，也整理在這本書中。）

定價：新台幣280元

3《財富地圖》

如果我們沒法體認財富、富裕，以及富翁三者的差異，必定對「致富」一事產生觀念上的偏差與行為上的錯亂。本期包含：財富的觀念與方法探討、財富的歷史社會意義、古今富翁群像、50本大亨級的致富書單，以及《台灣地區財富觀調查報告》。

定價：新台幣280元

4《做愛情》

愛情經常淪為情人節的商品，性則只能做，不能說，長期鎖入私密語言的衣櫃。本期將做愛與愛情結合，大聲張揚。從文學、歷史、哲學、社會現象、大眾文化的角度解讀「做愛情」，把愛情的概念複雜化。用攝影呈現現代關係的多面，把玩愛情的細部趣味。除了高潮迭起的視聽閱讀推薦，並增加小說創作單元。

定價：新台幣280元

5《詞典的兩個世界》

本書談詞典的四件事情：
1.詞典與人類歷史、文化的發展，密不可分的關係。2.詞典的內部世界，以及編輯詞典的人物與掌故。3.怎樣挑選、使用適合自己的詞典——這個部分只限於中文及英文的語文學習詞典，不包括其他種類的詞典。4.詞典的未來：談詞典的最新發展趨勢。

定價：新台幣280元

6《移動在瘟疫蔓延時》

過去，移動有各種不同的面貌與定義．冷戰結束後，人類的移動第一次真正達成全球化，移動的各種面貌與定義也日益混合。2003年，戰爭的烽火再起，SARS的病毒形同瘟疫，於是，新的壁壘出現，我們必須重新思考移動的形式與內容。32頁別冊：移動與傳染病與SARS。

定價：新台幣280元

7《健康的時尚》

這個專題探討的重點：什麼是疾病；怎樣知道如何照顧自己，並且知道不同的醫療系統的作用與限制；什麼是健康，以及如何選擇自己的生活風格來提升自己的生命力。如同以往，本書也對醫療與健康的歷史做了總的回顧。

定價：新台幣280元

8《一個人》

單身的人有著情感、經濟與活動上的自由，但又必須面對無人分享、分憂或孤寂的問題。不只是婚姻定義上的單身，「一個人」的狀態其實每個人都會遇到，它以各種形式出現，是極為重要的生命情境或態度。在單身與個人化社會的趨勢裡，本書探討了一個人的各種狀態、歷史、本質、價值與方法。

定價：新台幣280元

國家圖書館出版品預行編目資料

我窩故我在＝My place／黃秀如主編. --初
版. -- 臺北市：網路與書，2005〔民94〕
　　面；公分. --（Net and Books 網路與書
雜誌書；15）
　　ISBN 986-80786-2-8（平裝）
　　1. 家庭－論文,講詞等
544.107　　　　　　　　　　94001301

9 《閱讀的狩獵》

閱讀就是一種狩獵的經驗。每個人都可以成狩獵者，而狩獵的對象也許是一本書、一個人物、一個概念。這次主要分析閱讀的狩獵在今天出現了哪些歷史性的變化、獵人各種不同的形態，細味他們的狩獵經驗、探討如何利用各種工具有系統地狩獵，以及回顧過去曾出現過的禁獵者及相關的歷史。這本書獻給所有知識的狩獵者。

定價：新台幣280元

10 《書的迷戀》

從迷戀到痴狂，我們對書的情緒有著各種不同的層次。本書要討論的是，為什麼人對書的實體那樣執著？比起獲取書裡的知識，他們更看重擁有書籍的本身。中西古書在形態和市場價值上差別如此大，我們不能不沉思其背後的許多因素。本書探討：書籍型態的發展、書痴的狂行與精神面貌、分享他們搜書、藏書與護書經驗，及如何展現自己的收藏。

定價：新台幣280元

11 《去玩吧！》

玩，就是一種跳脫制式常軌的狀態或心情。玩是一種越界。雖然玩是人的天性，卻需要能量，需要學習。本書分析了玩的歷史與文化，同時探討玩的各種層次：一生的玩，結合瘋狂與異想；一年的玩，結合旅行與度假；一週的玩，作為生活節奏的調節與抒解；每天的玩，一些放鬆與休息。藉此，勾動讀者想玩的心情與行動。

定價：新台幣280元

12 《我的人生很希臘》

古希臘以輝煌的人文和科學成就，開創歐洲思想風氣之先，而今日希臘又以藍天碧海小白屋，吸引全世界人們流連忘返。其實，希臘不必遠求，生活週遭處處都隱含著希臘之光。到底希臘的魅力從何而生？希臘的影響又有多麼深遠？看了這本書你就會了然於心。

定價：新台幣280元

13 《命運》

每個人存活在世界上，多少都曾經感受到命運的力量。有時我們覺得命運掌控了我們，有時我們又覺得輕易解脫了它的束縛，一切操之在我。到底命運是什麼？以及，什麼是命？什麼又是運？本書除了對命運與其相關詞彙提出解釋外，還縷述不同宗教、文化對於命運的觀點，以及自由意志展現的可能。此外，還有關於命運主題的小說、攝影、繪本等創作。

定價：新台幣280元

14 《音樂事情》

從原始的歌到樂器的發明；從留聲機時代的爵士樂到錄音帶音樂；從隨身聽、MTV到數位化的iPod，聽音樂的模式一直在改變。本書談的是音樂的力量，如何感動人，以及在社會文化層面上產生影響力。經歷民歌、情歌、台語搖滾時代，今後的創作者又將面臨什麼情況？

本書內含《音與樂》CD
定價：新台幣280元

15 《我窩故我在》

家，是人誕生之處，也是心安頓之所。家有多重的意義：房屋，代表一種遮蔽；窩，代表一種自在；家庭，代表一種歸屬；家鄉，代表一種回憶。從前這四種組合是一體的，現今則可能分散各處。時代與環境變化無常，能夠掌握的就是自己的窩了。本書以自己的窩為主軸，探討屋、窩、家人及家鄉的四種精神與作用。

定價：新台幣280元

Net and Books 網路與書

訂購方法

1. 劃撥訂閱

劃撥帳號：19542850　　戶名：英屬蓋曼群島商 網路與書股份有限公司 台灣分公司

2. 門市訂閱

歡迎親至本公司訂閱。　　台北：台北市105南京東路四段25號10樓之1。

營業時間：週一至週五上午9：00至下午5：00

3. 信用卡訂閱

請填妥所附信用卡訂閱單郵寄或傳真至台北(02)2545-2951。

如已傳真請勿再投郵，以免重複訂閱。

信用卡訂購單

本訂購單僅限台灣地區讀者使用。台灣地區以外讀者，如需訂購，請至www.netandbooks.com網站查詢。

□訂購試刊號	定價新台幣150元×___冊=_____元	□訂購第8本《一個人》	定價新台幣280元×___冊=_____元
□訂購第1本《閱讀的風貌》	定價新台幣280元×___冊=_____元	□訂購第9本《閱讀的狩獵》	定價新台幣280元×___冊=_____元
□訂購第2本《詩戀Pi》	定價新台幣280元×___冊=_____元	□訂購第10本《書的迷戀》	定價新台幣280元×___冊=_____元
□訂購第3本《財富地圖》	定價新台幣280元×___冊=_____元	□訂購第11本《去玩吧！》	定價新台幣280元×___冊=_____元
□訂購第4本《做愛情》	定價新台幣280元×___冊=_____元	□訂購第12本《我的人生很希臘》	定價新台幣280元×___冊=_____元
□訂購第5本《詞典的兩個世界》	定價新台幣280元×___冊=_____元	□訂購第13本《命運》	定價新台幣280元×___冊=_____元
□訂購第6本《移動在瘟疫蔓延時》	定價新台幣280元×___冊=_____元	□訂購第14本《音樂事情》	定價新台幣280元×___冊=_____元
□訂購第7本《健康的時尚》	定價新台幣280元×___冊=_____元	□訂購第15本《我窩故我在》	定價新台幣280元×___冊=_____元

以上均以平寄，如需掛號，每本加收掛號郵資20元。

□預購第16本至第27本之《網路與書》（不定期陸續出版）　　特價新台幣2800元×_____套 = _____元

□預購第16本至第27本，每套加收掛號郵資240元。

訂 購 資 料		
姓名：	生日：	性別：□男　　□女
身分證字號：	電話：	傳真：
E-mail：	郵寄地址：□□□	
統一編號：	收據地址：	

信 用 卡 付 款	
卡　　別：□VISA　□MASTER　□JCB　□U CARD	
卡　　號：_____有效期限：200　年　　月止	
持卡人簽名：_____（與信用卡簽名同）	
總 金 額：_____發卡銀行：_____	

如尚有任何疑問，歡迎電洽「網路與書」讀者服務部

服務專線：0800-252-500 傳真專線：＋886-2-2545-2951

服務時間：週一至週五上午9：00至下午5：00　　E-mail：help@netandbooks.com